即効!
スポーツ速読
完全マスターBOOK

Perfect Master Book
for “Sports Speed Reading”
Method

Mayumi KURE
呉 真由美
［速読インストラクター］

扶桑社

はじめに

あなたの無限の可能性を引き出す速読

この本を手に取った多くの方が「本当に速読でスポーツが上達するの？」という疑問を抱いていると思います。確かに、速読とスポーツはまったく無縁に感じられますよね。

でも、そんな疑問はいっさい頭のなかから投げ捨ててしまってください。

そもそも、速読とは〝本を速く読むテクニック〟だと思われがちですが、それは大きな誤解です。「自分は本を読むのが遅いから、頑張っても身につかないだろう」「速読を習得できるのは一部の才能ある人間だけだろう」などと心配する必要はまったくありません。

じゃあ速読とはいったい何なのかというと、脳が活性化して自然と〝速く読めている状態〟になることを指すんです。

「これから速読をしよう！」なんて気合いを入れなくても、気がつけば以前よりも速いスピードで本が読めるようになっている。それが速読です。しかも、その〝速く読めている状態〟になるための脳の力＝脳力は、普段から使っているのに気がついていないだけで、もともと誰もが持っているものなのです。

私が速読トレーニングの講座で行っているのは、「こうして、こう読みなさい」と速く読むテクニックを教えることではなく、脳を活性化させて自分の脳力を活かせるようになるためのお手伝いをすること。その結果として、みなさんがそれぞれ〝速く読めている状態〟になっているだけなのです。

そして、速読トレーニングで自分の脳力を活かせるようになれば、速いスピードで本が読めるだけでなく、あらゆるシーンで応用できるようになります。そのひとつが、この本の主題であるスポーツというわけです。

こう言われても、まだピンときませんよね？　スポーツは筋力を鍛え、テクニックを磨き、練習してこそ上達するもの……という認識を拭いきれない気持ちもわかります。

スポーツには筋力やテクニックが欠かせません。でも、それらを使うための指令を出すのは、すべて脳の役目。いくら筋力やテクニックを持っていても、脳がきちんと働いていなければ宝の持ち腐れになってしまいます。逆に、脳がきちんと働いていれば、持っている筋力やテクニック以上のパフォーマンスを発揮することだってできるのです。

実際、私は野球やソフトボールの経験がまったくないのに、時速１５０㎞の速球を打つことができます。私には筋力もバッティングのテクニックもないので、他人から見ると〝打った〟というより〝当てた〟というのが正しい表現かもしれませんが……。

しかし、普段からスポーツの練習をしているみなさんなら、速読トレーニングをプラスすることによって、その成果を存分に発揮できるようになるはずです。これまでとは伸び方も違ってくるでしょうし、想像以上に実力がついていたことに気づかされる局面もあるかもしれません。

何となくでも、速読とスポーツの関連性をわかっていただけましたか？　本を速く読めるからスポーツが上達するのではなく、本を速く読めている状態だからスポーツも上達する。ちょっとややこしいですが、結局はそういうことなんです。

ちなみに、速読トレーニングによってスポーツ以外にはどんな変化が表れるか。受講者からは「宿題を後回しにしなくなった」「テストで問題が速く解けるようになり、成績が上がった」「友だちに頼られることが増えた」といった声が届いています。信じられないかもしれませんが、これらも速読効果なんです。

ほかにも、主婦の方なら家事をこなす手際がよくなったり、凝った料理を難なく作れるようになったり……。ビジネスマンなら事務作業が面倒ではなくなったり、営業能力やプレゼン能力が上がったり……。数え上げればキリがありません。

速読はあなたが秘めている無限の可能性を引き出してくれるのです。そして、どの方面で可能性を開花させるかは、あなた次第なのです。

どうでしょう？　ワクワクしませんか？　そのポジティブな気持ちを忘れずに、さっそく第一歩を踏み出しましょう！

もくじ

第4章 だから速読でスポーツが上達する

第5章

すぐに効果がわかる！ 実践 速読トレーニング

第6章

日常で簡単にできる脳トレーニング

第1章

スポーツ選手が実感する速読の効果

速読トレーニングは、誰でも、いつでも行える非常に簡単なトレーニングです。そのため、日々の練習で忙しいプロのスポーツ選手や、練習時間が放課後や休日に限られている学生スポーツチームの方々も、気軽に速読トレーニングを練習の一環として取り入れていらっしゃいます。

そして比較的、短期間で効果が出やすいという特徴がありますので、始めてから数か月、早ければ1～2回のトレーニングを終えた段階で、目に見える変化を実感している方も少なくありません。

……と、私がいくらご説明しても、「いったい何がどう変わるの？」と思ってしまいますよね。そこでまずは、実際に速読トレーニングによってスポーツが上達した方々の生の声をご紹介したいと思います。

「ボールをゆっくりと感じるので、バッティングに好影響を与えています」

——プロ野球・埼玉西武ライオンズ外野手　佐藤友亮《ともあき》選手

大学卒業後の２００１年に西武ライオンズに入団して以来、高い守備力と安定した打撃力でチームを支えている佐藤友亮選手。佐藤選手は、２０１０年１月から速読トレーニングを始めたのですが、わずか数回のトレーニングでさまざまな変化を体感されたそうです。まだ２０１０年シーズンは開幕して間もないため、打撃成績や守備成績の変化は具体的な数字として表れていないのですが（２０１０年４月上旬現在）、今後への手ごたえも含めて詳しく話をうかがってみましょう。

体験談❶

正直にお話しすると、始める前は「本当に速読トレーニングが野球につながるのかな？」と半信半疑でした。でも、最初のトレーニング後にバッティングセンターへ試し打ちに行った時点で、その半信半疑な気持ちはすぐに吹き飛びました。

なぜなら、まだ速度の変化はそれほど感じなかったものの、薄暗いバッティングセンターが以前よりもすごく明るく感じられたんです。同行していた呉先生が、時速１３０㎞のボールを「遅い」とおっしゃっていたのに驚いて、話に妙に信憑性が出てきました。野球未経験の女性がそんな感覚を持つことは、まずありませんからね（笑）。

こうして2週間に一度のペースでトレーニングを始めたのですが、2か月後に行われたオープン戦でさっそく効果を発揮することができました。時速１５０㎞台のボールを速いと感じることなく、余裕を持ってヒットを打ち返せたんです。一般的に、ピッチャーはシーズン序盤ほど好調で徐々に疲れが溜まっていき、逆にバッターはシーズン序盤ほど投手のスピード感覚に合わせるのが大変で徐々に調子が上がっていくのですが、「これなら春先の苦労がなくなるだろう」と嬉しくなりました。

ただ、トレーニングの効果が未だに上がっているため、開幕以降もその変化に慣れるのに少し苦労しています。例えば、先にも言ったように視界がとても明るくなったので、たまに眩しすぎてボールを打ちにくいことがあるんです。10年目にして初めて、デーゲームではサングラスをかけるようになりました（笑）。

それに、ボールをゆっくりと感じるので、これまでと同じ感覚では打てないんです。ときには、あまりにもよく見えるので思わずボールの軌道をずっと目で追ってしまうこともあるんです。次第に慣れてくると思いますので、慣れた頃には成績も伸びていくだろうと期待しているのですが……。

もちろん、すでに変化に慣れ、効果があった部分もあります。まず守備の面では、ホームでの開幕戦でフェンスぎりぎりに落ちてきたファウルフライをスムーズにキャッチすることができました。視野が広がり、ボールを見ながらでもフェンスとの距離感が計れていたので、ぶつからずに済んだんです。

２００５年に東北楽天ゴールデンイーグルスと対決した際、仙台のKスタ（クリネックススタジアム宮城）での試合が初めてで距離感が計りにくかったとはいえ、思いっきりフェンスに激突し、骨折してしまうアクシデントがありました。あの頃に自分

「スポーツはもちろんのこと、スポーツ以外でも効果が感じられると思いますよ。いままで感じたことのない、不思議な感覚です。やってみて損はないと断言できます」と佐藤選手

もともとプロのスポーツ選手は視野が広いが、佐藤選手はいまではこんなに後ろのほうまで見えているという。目のストレッチと視野を広げるトレーニングをしてから試合に臨むそう

が速読トレーニングに出合っていれば……と、ちょっと悔しくなりましたね。

　バッティングの面では、オープン戦で速球を打ち返した以外にも、バントが非常にラクになりました。ボールをゆっくりと感じるだけではなく、ピッチャーの動きだすタイミングがいち早くわかるようになったため、準備に余裕ができ、的確に当てにいけるからです。おかげで、今シーズンはまだバントがファウルになったことは一度もありません。

　ちなみに、野球以外での面白い変化としては、朝の目覚めがすごくよくなりました。寝る前に速読トレーニングを行うと、脳が活性化した自分の気持ちのいいリズムのまま眠れるせいか、目覚まし時計が鳴る前にスッキリと目が覚めるんです。このことは2月のキャンプ中に気づいたので、いまでも寝る前に軽くトレーニングを行うようにしています。

　この様に、速読トレーニングを行うことで、これまでとは違った新しい感覚を次々と体感できています。始めてトクをすることはあっても、決してソンをすることはないと確信していますので、ぜひ多くの方に挑戦してほしいですね。私自身、今後もトレーニングを続け、どんどん活躍できるチャンスを増やしていきたいと思っています。

NEWYORKER

「障害物に素早く気づき、ミス後のリカバリーも的確になりました」

——マウンテンバイク・ダウンヒルライダー　中川ヒロカ選手

みなさんはマウンテンバイクの「ダウンヒル」という競技をご存じですか？　舗装されていない山道を猛スピードで駆け下りてタイムを競うという、危険と隣り合わせの非常にハードな競技なのですが、そのダウンヒルのトップアスリートとして注目されている中川ヒロカ選手も、２年半ほど前から速読トレーニングを始めています。

体験談❷

速読トレーニングを始めてまず最初に驚いたのは、視野が広くなったことと時間の感覚が変わったことです。これまでは早送りのように見えていた周りの景色がゆっくりに見え、石や穴などの障害物もしっかり見えるので、慣れるまでは思わず「怖い！」と感じてしまったほど（笑）。それくらい大きく変わりました。

景色や障害物がよく見えることは、そのままタイムの短縮につながります。「あそこは道が狭いな」「あそこに小さな穴があるな」といった状況を早く認識できれば、それだけ早く最適なルートを判断することができるからです。しかも、その判断力自体も上がったので、どんなトラブルにも余裕を持って対応できるようになりました。

中川選手は、2006年ジャパンシリーズ戦ランキング1位、2007年・2008年全日本選手権3位、2008年ジャパンシリーズ開幕戦優勝

最初は
見えすぎるように
なって、「怖い!」
と思いました

photo Shuji Tonoki

急勾配の下り坂を時速30〜40㎞/hで駆け下りる!

photo Hiroyuki Nakagawa

例えば、ダウンヒルでは競技前に一度コースを走って状況を確認するのですが、いざ競技が始まると、先に走った選手のクセや転倒した跡がコース上に残り、自分の順番がくる頃にはたいてい状況が変わってしまっています。思いがけないところに溝ができていたり、石が転がっていたりすることもあるんです。

そんなとき、以前だったら「あんなところに石はなかったのに！」などと焦ってしまい、なんとか回避する方法を考えるのがやっとでした。でも、速読トレーニングを始めてからは、ピンチを察知したとたんに周囲がスローモーションのように見え始め、いくつかの回避方法や、回避後に取るべき行動まで冷静に判断できるようになったのです。

実際には数秒間の出来事のはずなのに、時間の感覚が変わって判断力も上がるとこんなことが起こるんだなぁ……と、最初の頃は本当に不思議でした。

また、転倒してしまったときも同じです。「転倒する！」と察知したとたんに周囲がスローモーションになり、「このタイムロスをどうリカバリーするか」ということを冷静に判断できるようになりました。周りから見ればミスから転倒まではほんの一瞬なのに、「この先は焦ってスピードを上げると危険だから、攻めるのはもう少し先にしよう」なんてことまで、転倒しながら的確に判断しているんです。

こんなふうに実力を発揮できるようになると、精神的にも余裕が生まれます。その証拠に、これまではコースの外で応援してくださっている方の声しか聞こえていなかったのに、いまでは応援幕に書いてある「ガンバレ！」といった文字までちゃんと確認できるようになりました。もちろん、視野や時間の感覚が変化した結果だと思いますが、精神的な変化も大きく影響していると思います。

速読トレーニングはその即効性にも驚かされました。私はシーズンオフ中の２００８年1月にトレーニングを始めたのですが、４か月後の5月に行われたジャパンシリーズの開幕戦で、すでに「すごく変わってる！」ということを実感していたからです。

おかげで開幕2連勝を成し遂げて優勝し、２００８年の総合ランキングでも2位につけることができました。その前年は総合ランキングが少し落ち込んでいたので、速読トレーニングとの出合いには心から感謝、感謝です。

「ムダな動きがなくなり、大会では男女ともに上位をキープ」

——久世ウルヴズ（ミニバスケットボールチーム）

続いては、ミニバスケットボールチームの体験談をご紹介しましょう。私が3年前から速読トレーニングを指導している、大阪府堺市の久世小学校に通う4〜6年生からなる「久世ウルヴズ」のみなさんは、以下のような変化を感じているそうです。

「ディフェンスのとき、周囲が広く見えるようになった」（Sさん　5年生・女子）
「ボールをもらったとき、味方がどこにいるのかすぐわかる」（Hさん　5年生　女子）
「シュートが決まるようになった」（Iくん　6年生・男子）
「早いパスもゆっくりに見えるので、すぐカットできる」（Kさん　6年生・女子）

コーチも「みんなボールさばきが上手になり、ムダな動きがなくなった」と実感されているそうですし、保護者の方々からも、「以前は試合後に『周りの人の動きをちゃんと見てる？』と注意することがありましたが、最近は人の動きだけでなくボールの動きもよく見えているようです」、「うちの子は瞬時の判断力を問われるガードのポジションなのですが、確実なパスを出せるようになったと思います」という声が届いています。佐藤選手や中川選手と同様に視野や時間の感覚が変わり、判断力も上がっているのが見て取れますね。

年に4回行われる堺市の大会でも、男女ともに上位をキープ

2009年は特に成長が目覚ましかったようで、男子チームは堺市の大会で優勝を勝ち取りました。

速読トレーニングは
ゲームみたいで楽しい！
本も速く読めるように
なりました！

それぞれが技術を活かせるようになり、念願の全国大会に出場！

——吹田クラブ（フットサルチーム）

大阪府吹田市の地域総合スポーツクラブ「吹田クラブ」の、小学生を中心に構成されたフットサルチームでも、私は２００９年４月から速読トレーニングを指導しています。彼らも久世ウルヴズのみなさんと似たような変化を感じているのですが、フットサルならではのこんな体験談も集まってきています。

「試合中、敵のスライディングをジャンプでよけることができた」（Hくん　６年生・男子）

「視野が広くなったので、ルックアップをしたときに誰がどこにいるか早くわかるようになった」（Kくん　６年生・男子）

「キーパーです。ボールがよく見えるようになりました」（Oくん　６年生・男子）

「状況を把握して適切に動けるようになったおかげで、それぞれが自分の技術を活かせるようになりました」とコーチもおっしゃっていますが、まさにその様子がうかがえます。

しかも彼らは、以前は試合で勝利を収めることができず悩んでいたのに、トレーニング

「サッカーの成績も、本を読む速度もあがるから一石二鳥」と、子どもたち自身が成長を実感している

勝てなかったチームが速読トレーニング開始から半年で全国大会に出場！

全国大会に出場するときの新幹線では通過する駅の名前が読める！と大いに楽しんだ様子

を始めて半年後の２００９年11月には初めて大阪大会を突破し、念願の全国大会出場も果たしたんです。やはり普段の練習があってこその結果ですが、この急成長には目を見張るものがありますよね。

また、両チームとも、クラブ活動だけでなくさまざまな場面で変化を感じているようです。

「ドッチボールをしているとき、今までは受けられないほど早いボールを、何回もキャッチできた」（Tさん　中学1年生・女子）

「学校の椅子取りゲームで一番になった」（Sさん　5年生・女子）

「クルマで走っているとき、通りすがりの文字が読めるようになった」（Sさん　5年生・女子）

ちなみに、多くの生徒さんが学業面での伸びも実感しています。

「漢字テストが何回も連続で１００点だった」（Hさん　4年生・女子）

「国語が得意になって、成績がパーフェクトになった」（Mさん　5年生・女子）

「テストを早く終えられるようになった」（Mくん　6年生・男子）

「そろばんの見取り算が早くなった」（Sさん　5年生・女子）

保護者の方々も、「以前より授業の内容を早く理解することができるようになっているようで、特別な勉強はしていませんが成績がアップしました」、「勉強をするときの集中力がついた気がします。宿題も以前より早く終わるようになりました」など、たいへん驚かれています。

自然と文武両道が究められるようになるなんて、話がウマすぎる気がしますよね？　でも、これから速読トレーニングで脳力を活かせるようになれば、きっと身をもって納得できるはずです。学生の方、特に受験を控えている方は、ぜひ心に留めておいてくださいね。また、速読トレーニングを行うと集中力もアップします。

小学校1年生から柔道を続けていて、2年前に速読トレーニングを始めたある男子中学生は、周囲から「試合開始と同時に技をかけにいく瞬発力と集中力が優れている」と評価されるようになったそうです。小学生時代は伸び悩んでいた成績も、大阪府の大会などで3位以内に入るほど伸びたといいますから、武道や格闘技をされている方には聞き逃せない話ですよね。

Radar

第2章

速読とは、ズバリ脳の回転を速くすること！

誰でも150㎞が打てるようになる理由とは？

スポーツ現場での具体的な速読効果、いかがでしたか？　うらやましい限りだったのではないでしょうか。なかには「嘘のような話ばかりで信じられない」と、遠い世界の出来事のように感じてしまった方もいるかもしれませんね（笑）。

でも、彼らが実感している変化は、すごいことでも特別なことでもありません。程度の差はあれ、速読トレーニングをすれば誰でも実感できるようになることなのです。

わかりやすい例として、**速読トレーニングをすれば誰でも時速150㎞の速球を打てる**ようになります。まずはその理由をご説明しましょう。

ボールを打つには、以下の3段階を踏む必要があります。

①飛んでくるボールを見て、その情報が目から視神経を伝わって脳に届く

②それを受けた脳が、「バットを振れ」という指令を手の筋肉に出す

③実際に手の筋肉が動いてバットを振る

時速１５０㎞のボールの場合、その秒速は41・67ｍ。ピッチャーマウンドからバッターボックスまでの距離は18・44ｍなので、そこを通る時間は約０・４秒しかありません。普段から反射神経を鍛えていなければ、振り遅れて当然だと思いますよね？

でも、第5章で実践していただければわかりますが、速読トレーニングでは大量の文字を速く見てもらうので、その大量の文字を素早く処理するために脳の回転が速くなります。そして、この脳の回転が速い状態だと、通常よりも①と②の過程のスピードが上がるので、③の動作に余裕が持てるのです。

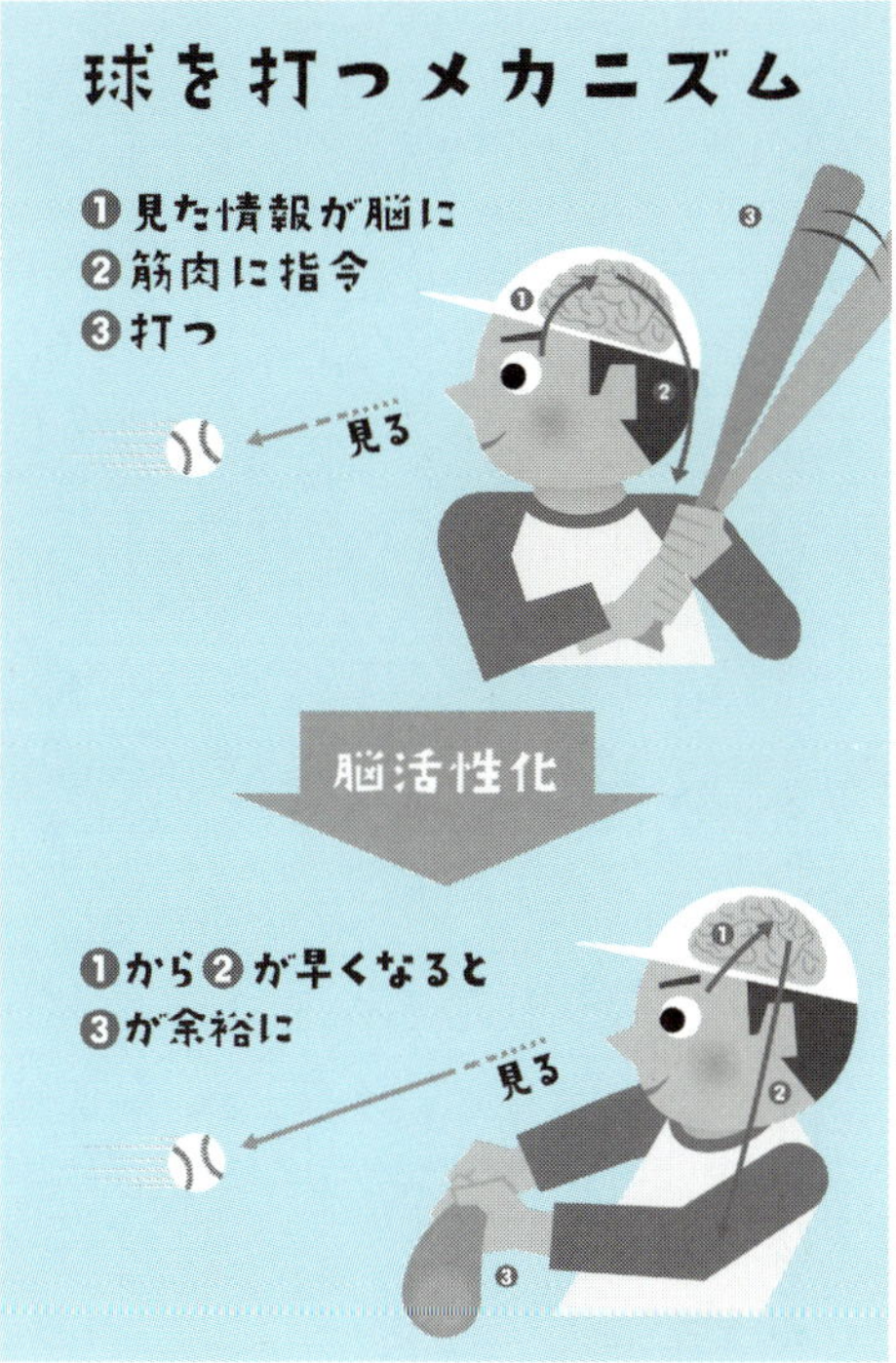

手の筋肉に指令を出すまでの時間が短くなれば、野球経験がゼロで運動神経がない人でも、ボールがくる位置にバットを構えて当てることくらいできますよね。これが、誰でも１５０㎞の速球が打てる仕組みなのです。

私や、速読トレーニングを受けた受講生の方々が150㎞バッティングに次々と成功している姿に、見ている方はたいへん驚かれます。小さなお子さんまでもが速球をポンポン打っているのですから、確かに異様な光景かもしれません（笑）。でも実は、その理由はこんなに単純明快なんです。

雑誌の企画で150㎞バッティングに挑戦した女性記者も、「もう当たらない気がしない!」と言いながら、高いか低いかまでもしっかり見極めてすべてのボールにバットを当てていました。速読トレーニング前に試し打ちをしたときは、「私、野球経験も運動神経もゼロなんです」という宣言どおり、スピードに圧倒されてバットを振ることすらできない状態だったというのに……。

こう聞くと、脳の力って本当に偉大だと思いませんか?

もちろん、普段からスポーツをしていて筋力が強い人なら、多少①と②のスピードが遅くても、③のスピードが速いので150㎞バッティングに成功するはずです。ですから、さらに速読トレーニングを実践して①と②のスピードを上げれば、もう怖いものナシ。スピードと球筋を余裕を持って見極めたうえで持ち前の筋肉を活かせるので、クリーンヒットを連発することも夢ではないでしょう。

速読は〝飛ばし読み〟でも〝特殊技能〟でもない！

最近は〝スポーツ脳〟といった言葉が広く知られていますから、脳がスポーツにとって重要だということはみなさんも知っているかもしれません。でも、速読が脳の働きによって可能になるもので、スポーツにまで好影響をもたらすとは考えたこともなかったのではないでしょうか。

これまでみなさんは速読というものにどんなイメージを抱いていましたか？　ほとんどの方が「スピーディーに本を読むなんて、大変な訓練が必要なはず」と一線を引いていたに違いありません。

なかには、「〝斜め読み〟や〝飛ばし読み〟することでしょ？」とか、「一握りの人間だけが習得できる特殊技能では？」なんて思っていた方も少なくないでしょう。

そこで、ここからは、速読に対する摩訶不思議なイメージを捨ててもらうために、速読の仕組みについて詳しくご説明したいと思います。誤解したままでは、前向きにトレーニングに取り組んでいただくことができませんからね。

仕組みといっても、決して複雑なものではありません。「なるほど！　だからスポーツにもいいんだ！」と納得していただけるはずです。

冒頭でもお話ししたように、速読とは〝速く読むテクニック〟ではなく、〝速く読めている状態〟を指します。速読トレーニングで脳が活性化したことによって、自然と速いスピードで本を読めるようになってしまうんですね。

ですから、周囲から「速いね！　速読してるの？」と言われても、**本人には速く読んでいる意識はありません。**飛ばし読みも斜め読みもせず、みなさんと同じように普通に読書しているだけなんです。テクニックを用いていきなり読み方を変えるわけではないのですから、当然といえば当然ですよね。

小さな木を植え、少しずつ成長する木を毎日跳び越えているうちに、いつの間にか高い塀を跳び越えられるようになっている……という忍者の修行話を聞いたことがありませんか？　速読もまさにそんな感じです。**以前なら読むのに3時間かかっていた本が、いつの間にか1時間で読めるようになっている。**速読トレーニングを重ね、ある日、ふと振り返ってみると、そんな変化に気がついたりするんです。

そのため、速読トレーニングでは、トレーニングのたびに必ず読書速度を計測してもらうようにしています。なぜなら、本人には速く読めている実感がわかないので、数字として記録しておかないと、成長の度合いがわかりにくくなってしまうからです。

成長の度合いがわかったほうが、トレーニングに対するモチベーションも上がりますよね。速読とはいわば、自分の脳の力＝脳力をいかに活かせるようになっているかを測るバロメーターでもあるのです。

理解力や感動はそのまま

私たちは文字が読めるようになった幼少期に、「本はゆっくりと、登場人物の気持ちを考えながら読みましょう」と教えられました。そのため、「速読だと理解力や感動が薄れてしまうのでは？」という不安を抱く方もいらっしゃいます。

しかし、これもまた大きな誤解です。だって、斜め読みも飛ばし読みもせず、本人としては普通に読書しているのですから、理解力や感動が薄れるはずがありません。

ゆっくり読んでも理解できない部分は理解できないままですし、ゆっくり読んでも感動する部分には感動する。**受け取り手があなたである以上、何も変わらないんです。**

もし、「速読を始めてから理解力が下がった」「感情移入ができなくなった」などと感じる方がいるなら、それは無理して速く読もうとしている証拠。脳の処理速度に見合わないほどの速さで本を読むには、それこそテクニックが必要です（そんなテクニックを私は知りませんが……笑)。

理解力や感動が薄れてしまうようでは、本来の速読とは言えません。むしろ、脳力を活かせるようになると、ゆっくり読んでいるときより速く読んでいるときのほうが、理解力はよくなるものなのです。

その理由はのちほどご説明しますが、「読んでいて違和感を感じるなぁ」と思ったら、無理をせずリラックス。そして、改めて速読トレーニングで脳を活性化してあげましょう。

速読＝記憶術ではない

逆に、「速読すると内容を丸暗記できるってホント?」といった過剰な期待を抱いている方もなかにはいます。テレビ番組の速読特集などで、一度パラパラと読んだだけの本をすべて記憶し、「○ページの△行目にこう書いてある」などと答える衝撃的な映像をご覧になったことがあるのかもしれませんね。

それもやはり誤解です。記憶術のようなものを同時に行っていれば、丸暗記も不可能ではないでしょうが、何度も言っているように速読はただ速く読めているだけ。興味がある部分は覚えていて、興味がない部分は忘れるという、本人にとってはごく当たり前の読書体験になるんです。

ただ、速読＝記憶術ではないにせよ、**記憶力の向上には役立ってくれます**。その理由は簡単で、一冊の本や教材を読むのにかかっていた時間が短くなれば、そのぶん何度も繰り返し読めるようになりますよね。「これまでは1回読むのにかかっていた時間で3回読めるようになった」という具合に。

記憶とは、覚える→忘れる→覚える……の繰り返しで定着するものですから、その繰り返しに要する時間が短くなれば、同じ時間で覚えられる量はぐっと増えます。そして、多くを忘れてしまう前に短期間で何度も繰り返せるので、記憶効率も上がります。その結果、「以前よりも記憶力が向上した」と感じられるわけです。

それに、ゆっくり読んでいると最初のほうに出てきた登場人物の名前やエピソードを途中で忘れてしまうことがありますが、速く読めていると忘れる前に読み終えるので、内容をよく理解できるようになります。もし仮に忘れてしまったとしても、時間がかからないのですぐに読み直すこともできます。先に、速く読めているほうが理解力がよくなると言ったのは、こういう理由なんです。

そのため、**「本が好きになった」「難しいと感じていた本もわかるようになった」**という受講生の方が非常に多いのです。これは、速読による嬉しい副産物と言えるでしょうね。

1分間で普通に読める量とは？

みなさんは、自分がいま1分間でどれだけの文字を読めるか知っていますか？　自分の読書速度は速いと思いますか？　遅いと思いますか？

のちほど第5章で読書速度を測りますが、速読トレーニングをすると読書速度はぐんぐん上がっていきます。トレーニングへの意欲を高めてもらうために、ここでちょっと読書速度についてお話ししましょう。

現在、**日本人の平均読書量は1分間に４００～６００字**といわれています。４００字詰めの原稿用紙1枚から1枚半を、ちょうど話すくらいの速度で読んでいるといえばイメージしやすいでしょうか。

なぜ平均読書量がそれくらいなのかというと、読書速度は話す速度に比例するからです。黙読をしていても、実は発声しないだけで声帯を動かしながら読んでいるんですね。そのため、たいていは音読しているときと同じくらいの速さになってしまうのです。

しかも、読書は思っているほど単純な作業ではありません。文字を見て、認識し、情景を思い描いて、理解し、推測して……。さまざまな知的活動の集合体です。

つまり、読書速度を上げるためには、ただ文字を速く見ることができるようになるだけではなく、すべての知的活動のスピードを上げなければいけないのです。

知的活動のスピードを上げるには、脳の回転速度や処理速度を上げることが一番の近道です。そのため、速読トレーニングにおいては、脳の活性化を重要視しているのです。

読書速度は年齢や本を読み慣れているかどうかによって変わってきます。仮に現時点で平均より少なくても落ち込む必要はありません。ただ、速読トレーニングを始めるにあたっては、「平均読書量は1分間に400〜600字」ということを念頭に、そこからのレベルアップを目指してほしいものです。

読書速度が速い人ほど頭がいい⁉

脳の回転が速い＝頭がいいとイメージする人がいらっしゃるかもしれませんが、それはあながち間違いではありません。実際、高学歴・高いキャリアの人ほど読書速度は速いんです。

例えば、東大や京大に合格するクラスの人になると、読書量は1分間に1000〜2000字と、平均より飛躍的にアップします。その東大や京大でのトップクラスになると、1分間に2000〜3000字も読むことができています。

さらに、利益を上げている大きな会社の敏腕経営者やエリート官僚クラスになると、1分間に5000〜6000字。12枚半から15枚もの原稿用紙を、たったの1分間で読めているのです。国会中継などで、分厚いファイルを抱えた官僚の姿を見たことがありませんか？ 読むのが速いから、あのファイルにしっかり目を通すことができているんですね。

上にはもっと上がいて、もっとも有名なのはアメリカの第35代大統領だったジョン・F・ケネディで、なんと1分間に1万6000字も処理していたそうです。ここまでくると、超人技としか思えませんよね。

でも、彼らとみなさんの脳みそには、何の違いもありません。普段から使っているけれども気がついていない自分の脳力を、活かせているか活かせていないか、ただそれだけの違いです。彼らは自分の脳力をフル活用しているから本を速く読めるし、いわゆる〝デキる人間〟にもなれたというわけなんです。

ただ、ここで勘違いしてほしくないのは、「速読トレーニングで本を速く読めるようになれば、自分も頭がよくなるんだ！」ということです。確かに速読トレーニングをすれば脳力を活かせるようになりますが、解き方を知らない問題を解けるような超能力は身につかないからです。

「問題の解き方はわかるのに時間が足りない」という人なら、問題を読む時間が短くなることで解答にかけられる時間が増え、テストの点数は伸びるでしょう。でも、いくら問題を速く読めても解き方自体を知らない人は、やはり勉強自体を頑張るしかありません。東大生や京大生、それにエリート官僚だって、脳力を活かしつつも勉強には相当の努力を費やしたはず。簡単に彼らのようになれると思ったら大間違いなんです（笑）。

とはいえ、問題を速く読めれば短時間で何度も反復学習ができるので、これまでより勉

1分間で読める文字数

400〜600
日本人の平均

1000〜2000
東大や京大に合格するクラス

2000〜3000
東大や京大でのトップクラス

5000〜6000
敏腕経営者やエリート官僚クラス

強の効率は上がります。宿題や復習を済ませる時間も早くなるので、「勉強が面倒くさくなくなった」「成績が上がった」という受講生の方もたくさんいます。

つまり、脳力を活かせるようになると、以前よりも努力をするのがラクになり、その成果も出やすくなるんです。となれば、努力せずにボーッとしているヒマはありませんよね！

速読への道を阻む〝思い込み〟

速読トレーニングへの意欲が高まったところで（高まりましたよね？）、速読を習得するために気をつけてほしいことを申し上げておきたいと思います。

みなさんは写真のアルバムを見るとき、パラパラとめくるだけで誰がどこで何をしている写真なのか一瞬で理解できていませんか？「天気のいい日に、AさんとBさんが公園でキャッチボールしてたんだな」「Aさんの家にBさんとCさんが来てケーキとごちそうを用意してパーティーをしたんだな」などと、パッと見て次々と状況を理解することができているはずです。

何気なく行っていることですが、これはただ文字が書いてあるだけの本を読むよりも、もっと高い脳の処理能力が必要です。だって、たった一枚の紙に、色彩、風景、人物、物、それらの動き……とたくさんの情報があり、それを一瞬で理解しているんですからね。

人間の脳は普段から高速回転・高速処理を行っています。そのため、**何気なく見た写真の中にある大量の情報を、一瞬で理解する**ことだってできるんです。

それなのに、いざ写真のように本を速く理解しようとすると、とたんに脳の回転速度や処理速度がダウンしてしまう人が少なくありません。なぜでしょうか？　それは、心のどこかに「速く読めるわけがない」という思い込みがあるせいなんです。

人の脳は、持ち主の心にたいへん忠実です。「自分の脳は高速処理できるはずがない」などと思い込んでいると、脳の動きはそのとおりに鈍く凝り固まってしまいます。

例えば、捜しても捜しても見つからなかったなくしものを、ふとやってきた家族や友人が「テレビの上に置いてあるじゃん」などとあっさり見つけてくれた経験はありませんか？

これも同じことです。「ない！」「見つからない！」という思い込みのせいで、目から入ってくる情報をキャッチして処理できないほど、脳の処理能力が落ちて視野まで狭まっていたんです。

ですから、**速読トレーニング中にネガティブな思い込みブレーキをかけるのは厳禁。**速読がテクニックではなく脳の状態である以上、成果には気持ちの持ち方も大きく影響してくるのです。

文章は一文字ずつ読まなくていい

みなさんはいま、この文章をゆっくりと一文字ずつ読んでいるのではないでしょうか。実はそれも、「文章は一文字ずつ読まなければいけない」「一文字ずつ読まなければ理解できない」という思い込みのせいにほかなりません。

ちょっと考えてみてください。**街中でふと目に入った看板に書かれている文字や、電車の中吊り広告に書かれた雑誌のタイトルなども、いちいち一文字ずつ読んでいますか？** きっと見ただけで瞬時に理解できていますよね。「１００円パーキング」と書かれた看板を、「１・０・０・円・パ・ー・キ・ン・グ」と一文字ずつ読んでいる方はいないと思います。

ところが、読書となると急に一文字ずつ読み始めてしまうんです。おかしいですよね。これはやはり、幼少期の教育が大きく影響しています。音読の訓練や、「適当に飛ばさないできちんと読みなさい」と先生や両親に教えられたことで、「本は一文字ずつゆっくり読むものだ」という習慣や思い込みが、すっかり染みついてしまっているんです。

ですから、速読トレーニングで速く読めている状態になりたいなら、この染みついてしまった思い込みも消さなければいけません。単語や文章をパッと目で見て理解できるなら、一文字ずつ読まないで、どんどん読み進めていい。そう認識を変えていくんです。

「いや、でも、やっぱり一文字ずつ読まないと理解できないのでは？」という思い込みブレーキがある限り、なかなか脳力は発揮できないのです。

ちなみに、「頑張らなきゃ！」と力みすぎるのも、脳を緊張させて働きを鈍らせる一因になります。スポーツでも、試合前などに緊張しすぎると、体が普段どおりに動かなくなってしまいますよね。それと一緒です。

効率的に速読を習得したいなら、ポジティブな気持ちでリラックスするのが一番。「誰でも速く読める」「自分の脳は高速処理してくれている」と気楽に構えれば、脳は柔らかくなり、そのとおりに速く処理してくれるようになるのです。

速読トレーニングは脳の準備運動

「どれくらいで速読はマスターできますか？」という質問に対し、私はよく「逆にあなたはどれくらいでブレーキを外してくれますか？」と返します。ブレーキさえ外してくれれば、効率よくトレーニング内容を吸収し、脳を活性化できるからです。

とはいえ、「脳を信じていますぐ速く読もう」と先走ってはいけません。本を速く読む脳力は誰もが持っていますが、まだその脳力を活かせる状態になっていませんから。いきなり速く読もうとしても、「内容が理解できない！」と、もどかしい思いをするだけです。

ここでひとつお尋ねしますが、みなさんは暗記している電話番号がいくつありますか？せいぜい5〜6個、多い方で10個といったところではないでしょうか。携帯電話が普及しているこのご時世、仕方のないことですよね。

電話番号を覚えていないだけでなく、読めるのに書けない漢字もきっと増えてきていることでしょう。携帯電話やパソコンの変換に頼ることが多く、自分の脳を使って覚える機会が減っているのですから、これも仕方がないことです。

このように、体力や筋力と同じように、脳も使わずにいると、脳力を発揮しにくくなってしまいます。誰もがもともと持っている脳力でも、「いますぐに必要だから脳力を発揮して！」というのは都合のいい話なんです。

みなさんはスポーツをするとき、最初に準備運動をしますよね。なぜですか？　準備運動をして体をほぐしたほうが、体が動きやすくなるからですよね。脳も同じです。準備運動をして脳をほぐしたほうが、スムーズに働いてくれるようになるんです。

もうお気づきでしょうが、**速読トレーニングはこの脳の準備運動にあたります**。しかも、かなり質のいい準備運動のため、速読トレーニングで脳が活性化されると、それまで気づかなかったマックスのパワーまで発揮することができるんですね。

みなさんはいままでマックスのパワー、１００のパワーを使っていたつもりかもしれませんが、脳が活性化していないと、実は10くらいのパワーしか使えていなかったりします。

でも、ひとたび１００のパワーを知ると、脳が活性化した状態を保てるようになり、普段から30~50のパワーをうまく使えるようになる。そして、必要となればすぐに１００のパワーを引き出せるようになるんです。

そのため、本を目の前にすれば速く読むことができますし、スポーツ、勉強、ビジネスなどさまざまなシーンにおいて、いままでよりもラクに、できなかったことがこなせるようになります。

速読トレーニングという準備運動で脳力を目覚めさせ、思い込みブレーキを外してあげる。この２つで、知らず知らずのうちにみなさんの毎日は劇的に変化するのです。

セカセカするどころか、時間がゆっくりに感じられる

「速読をすると、気持ちまでセカセカしてしまいそうで嫌だ」とおっしゃる方がいます。

確かに、先へ先へとページをめくる姿は、セカセカしているように映るかもしれません。

でも、みなさんはもうおわかりだと思いますが、本人にとっては普通の読書と変わりないので、セカセカしてしまうようなことはいっさいありません。それどころか、**脳の回転速度と処理速度が上がったぶん、周囲の物事の動きや時間の流れがゆっくり感じられる**ようになります。

あまりいい例ではありませんが、交通事故などに遭うと、その瞬間の様子がスローモーションのように見えるという話を聞いたことがありませんか？　あれは、危機回避のため脳がとっさに高速回転するからなんです。普段なら一瞬で１回転しかしていないところを、一瞬で３回転も４回転もするので、感覚的に周囲の物事がゆっくり動いているように見えるのですね。

また、速読トレーニングを行うと視野も広がっていきます。視野を広げるための直接的なトレーニングを盛り込んでいることに加え、一文字ずつ見るのではなく、全体を広く見る習慣をつけることで、普段から視野が広いまま過ごせるようになるんですね。

視野が広がると、時間の感覚も変わります。周囲の状況に関する情報がより多く入ってくるようになり、脳の処理能力が上がるからです。

ですから、１５０㎞バッティングにおいても、視野が狭くボールだけを見ているときと、視野が広く全体を眺めているときでは、速度の感じ方がまったく違います。これはぜひ、速読トレーニング後に体感していただきたいものです。

このように、速球でさえ遅く見えるのですから、速読トレーニングで常に脳が活性化され、視野が広がった状態になれば、日常生活も当然ゆとりで満ち溢れます。大げさではなく、いろいろなものがゆっくり見えたり感じられたりすると、気持ちに余裕が生まれるんです。

それに、速読トレーニングで視野が広がると、視覚的な視野だけではなく物事を考えるときの視野も広がります。入ってくる情報量が変われば、理解力や想像力が鍛えられ、いろいろな角度から物事を考えられるようになりますからね。となれば、気持ちに余裕が生まれるのも当然だと思いませんか？　速読って、実はこんなに奥が深いんです（笑）。

いつも時間に追われていて、焦ってばかりいる……そんな方ほど、速読トレーニングで時間にも気持ちにもゆとりを持てるようになってほしいですね。

速読トレーニングの目的

私の速読トレーニング講習には、さまざまな目的を持った受講生がいらっしゃいます。

この本を手に取ってくださったみなさんが、「スポーツを上達させたい」と思っているように、「仕事でスキルアップしたい」「家事を楽しくこなせるようになりたい」などなど、速読を習得した先に待っている〝レベルアップした自分〟を思い描いているんですね。

私自身、単に本を速く読んで読書量を増やすためだけに速読トレーニングをするのは、もったいないことだと思っています。

もちろん、本を速く読むのが目的の方にとってはそれで十分でしょうが、たくさんの本を短期間で読めれば、それだけ感性や知識が豊かになります。時間にもゆとりができます。そういった〝速読によって得られるもの〟を、ご自分の人生で存分に堪能してほしいのです。

つまり、**速読とは自分を変えるためのツール**であって、それ自体が目的ではありません。速読を習得したことによって活かせるようになった脳力を、自分の使いたいフィールドで活かすことが大切なんです。

受講生の中には、「速読は習得したけど本はまったく読んでいない」という方もいらっしゃいますが、私はそれでも結構だと思っています。〝本を速く読めている状態〟にまでなった脳力を、自分が使いたいフィールドで活かしていらっしゃるのですからね。

速読は自分の脳力をいかに活かせるようになっているかを測るバロメーターです。「自分はこの脳力をどこに使いたいのか」を忘れずに、どんどん読書速度を速めて、どんどん脳力を活かしていってください。

受講生の声＜読書速度ＵＰ実感編＞

同じ時間で倍以上の本が読めるようになりました。
(47歳・主婦)

３回目のトレーニングを終えた頃、通勤バスに乗っている30分間で文庫本を一冊読み終えました。簡単なビジネス書だったとはいえ、感激です。（36歳・女性・会社員）

トレーニング５回目あたりで、ページをひと目で理解できるようになった。いまでは新聞すべてを10分で理解できます。
(63歳・男性・市議会議員)

愛読している約100ページの月刊誌を、１時間の通勤タイムで読み切れるようになりました。（38歳・男性・建設）

メールを確認しているとき、マウスのスクロールがこれまでより遅く感じるようになりました。また、電車の中で、他人の携帯のメールを読むつもりなんてないのに、目線を動かしたら自然に読めてしまったのには驚きました。
（35歳・男性・自動車用品販売）

携帯電話で変換文字を探すのが早くなりました。何でも速く読めるようになったおかげだと思います。（40歳・女性・会社員）

第3章

無意識でやっている 脳のスゴイこと！

驚くべき脳の情報処理能力

速読トレーニングで脳力を活かせるようになれば、自然と〝本が速く読めている状態〟になります。第2章で何度も繰り返したことですが、まだ納得がいかない方もたくさんいらっしゃるでしょう。

でも、誰が何といおうと私たちの脳はスゴイんです。なぜなら、脳は日常的に高速回転・高速処理を行っていて、私たちが認識している以上の情報を瞬時にキャッチしているからです。

〝脳は情報の取捨選択をしている〟という話を聞いたことがありませんか？　例えば、レストランや喫茶店で友人とおしゃべりをしたり本を読んだりしているとき、隣のテーブルの会話は耳に入ってきませんよね。それなのに、住んでいる地名や好きなタレントの名前など、自分になじみ深い言葉だけはフッと耳に飛び込んでくる。みなさんも身に覚えがあるのではないでしょうか。

この本を読んでくださっているいまだったら、隣から〝速読〟という言葉が聞こえた瞬間、耳がダンボになるかもしれませんね。「いまからこの言葉を言いますよ」と予告されたわけでもないのに、不思議なことです。

もしくは、「新しいバッグが欲しいな」なんて考えながら街を歩いていると、狙っている色やブランドのバッグがやたらと目につくようになる。これもよくあることですよね。同じバッグを持っている人が急に増えるわけがないのに、やはり不思議なことです。

実はこれ、耳や目から入ってきた膨大な情報をすべて脳が瞬時にキャッチし、超高速で処理をして、欲しい情報だけを教えてくれているんですね。しかも、本人としてはほかのことに集中していたり、ボーッとしたりしているにもかかわらず、です。

このように、みなさんが何をしているかなんて関係なく、脳は超高速で膨大な情報を休まずに処理し続けているのです。

活性化された脳の状態とは？

それでは、これまで何度も出てきた〝脳の活性化〟について、改めて考えてみましょう。もう言うまでもありませんが、本来の脳力を活かせるようになるためには、脳を活性化させる必要があります。でも、脳が活性化されている状態とは、果たしてどんな状態なのでしょうか？

脳が活性化されると、従来よりも脳の処理能力が上がります。脳はもともと高い情報処理能力を持っているので、**「脳が活性化されると脳の処理能力を普通に発揮できるようになる」**と言ったほうが誤解を生まないかもしれませんね。

パソコンだったら、処理能力以上の情報を入れるとフリーズしてしまうので、買い替えたりカスタマイズしたりしてバージョンアップをしますよね。でも、脳はもともと高い情報処理能力を持っていますから、これまで以上に情報を送るようにするだけで、自ら処理能力をバージョンアップしてくれます。

処理能力がバージョンアップすれば、当然、これまでよりも情報をラクに処理できるようになりますよね。これがまさに、〝脳が活性化された状態〟です。

ですから、**脳に速く大量の情報を送り込む速読トレーニングを重ねれば重ねるほど、脳の活性化が進んでどんどん情報をラクに処理できるようになる。**具体的に言えば、思考スピードや判断力が向上するんですね。そのため、メモリを増設したパソコンのように、速く入力された情報だろうが大量に入力された情報だろうが、余裕を持ってサクサクと処理できるようになるんです。

その目に見えるわかりやすい成果が、「本を速く読めるようになる」ことや、「１５０㎞の速球を打てるようになる」ことです。すごいことに感じられるかもしれませんが、このように脳が活性化して処理能力を発揮できるようになれば、いとも簡単なことなんです。

それどころか、私たちはもともと優れた脳力を持っているのですから、脳が活性化して処理能力を発揮している状態こそが、脳にとっては無理をしていない素の状態といえます。スポーツでも読書でも脳力を存分に活かしたほうが、脳は快適で気持ちのいい状態でいられるんです。

第2章で、みなさんが文章を一文字ずつ読むのは思い込みだとお話ししましたよね。看板に書かれた文字を瞬時に理解できるように、本の中に書かれている文字だって本当は一文字ずつではなくまとめて理解することができるのだと。そのため、一文字ずつ読んでいるとき、脳は「なんで読書のときだけこんなに情報がゆっくり入ってくるんだろう?」と物足りなさを感じています。

これはたとえるなら、大排気量エンジンを搭載した車で、わざわざギアをローに入れて走っているようなもの。これではエンジンが真っ赤に焼け焦げ、おかしくなってしまいます。

同じように、人間の脳も、本来の脳力に見合わない使い方をされると、調子がおかしくなってしまいます。**読書をしていると疲れてしまったり、眠くなったりしてしまう人が多いのは、ずばり脳力に見合わない読み方をしているせい**なんです。

要するに、脳が活性化されている状態とは、脳も体もストレスを感じないベストな状態のこと。そして、速読トレーニングを重ねれば、このベストな状態を常に保つことができるようになるのです。

脳の〝受け取り力〟が変わる！

いきなりですが、私は速読トレーニングを重ねて速読を習得していますので、常に脳が活性化された状態で生活しています。余談ですが、そんな私が体験したちょっと面白いエピソードをお話しします。

ある日、「本が速く読めて速球も打てる先生だったら、トリックを見破れるかもしれない！」と受講生の方に誘われ、マジックバーに出向きました。マジックを純粋に楽しみたいので、私自身はトリックを見破ろうとは思っていなかったんですけどね。

でも、結論から言うと、**しっかりトリックを見破ってしまいました**（笑）。

マジシャンはお客さんの一人にトランプの束からカードを一枚引かせ、私たちに「これを覚えておいてください」と見せました。そして、そのカードを再びトランプの束に戻し、テーブルの上にバーッと広げたんです。

そのとき私は、何も考えずにマジシャンの動きをボーッと見ていました。さっき見せられた一枚のカードのことは、何となく意識していただけです。それなのに、広げられていくカードの最後の一枚が見えた瞬間、「あ、さっきのカードがない！」と気づいたんです。

気づくと同時に、視野がパッと広がり、マジシャンの後ろに飾られた絵の裏側に隠されているカードまで目に入りました。どうしてだかわかりますか？

わかりやすく説明しますと、マジシャンとカードだけを見ていたときは、あまり脳が活性化せず視野も狭くなっていたので、マジシャンがカードを後ろに隠したことには気づかなかった。でも、普段からある程度は脳が活性化していて視野も広いので、**「あるはずのカードがない」ということには瞬時に気がついたんです**ね。

そして、そう気づいたことでさらに脳が活性化して視野が広がり、あるはずなのにないカードのある場所にも敏感に気づいた……と、こういうわけなんです。

私が「あるはずのカードがない」と瞬時に気づいたのは、猛スピードで一枚一枚の数字や絵柄を確認したからではありませんよ。カードが消えているとは思ってもいませんから、わざわざそんなことはしません。ただ、さっきのカードを覚えている脳が、なくなっているという違和感を認識してくれたんです。

当然ながら、「あるはずのカードがない」という情報は、そこにいた全員に平等に送られています。そして、ほかの人の脳もちゃんと気づいているはずなんです。でも、活性化していない脳は気づいた情報をきちんと受け取らずにスルーしてしまうため、ほかの人は認識することができなかったんですね。

つまり、活性化された脳は、活性化される前とは〝受け取り力〟が違うという表現もできるのです。

例えば、**「季節の移り変わりに敏感になった」「星がよく見えるようになった」**などと言う受講生の方が多くいらっしゃいます。こんな話をすると、「やっぱり速読って摩訶不思議」と思われてしまうかもしれませんが、何も不思議なことではありません。速読トレーニングで脳が活性化したことによって、脳がキャッチしている膨大な情報を、より多くきちんと受け取って認識できるようになっただけなのです。

言ってみれば速読も、〝受け取り力〟そのものです。入ってくるたくさんの文字情報を脳が受け取っているのが〝速く読めている状態〟で、入ってきているはずのたくさんの文字情報を脳が受け取れずにいるのが〝速く読めない状態〟ということなのですから。

こう聞くと、「速読って本当に脳の使い方次第なんだなぁ……」と思いませんか？

速読では右脳も左脳も効率よく使っている

筋肉は鍛えると目に見えて変化していきますが、脳は鍛えても目に見える変化は起こりません（筋肉のように大きく成長されても困りますが……）。ですから、「速読トレーニングをすると脳が活性化する」と言われても、いまひとつ信憑性がないでしょう。

そこで、速読が脳にもたらす具体的な変化について、科学的な視点からも説明しておきたいと思います。

「脳は右脳と左脳に分かれている」ということはご存じですか？　左半身を司る右脳は別名〝芸術脳〟と呼ばれ、音楽や映像、絵画などと触れ合うときの、芸術的感受性や創造性を担うとされています。一方、右半身を司る左脳は別名〝言語脳〟と呼ばれ、言葉や文章を使ってコミュニケーションを取る、論理的思考が必要なときに働くとされています。

そのため、世間一般では理屈っぽい人は左脳派、芸術家肌の人は右脳派といわれており、「右脳を鍛えるといい」と、テレビなどで耳にしたことがある人もいるのではないでしょうか。

同じく、世間一般では「読書では左脳を使う」といわれています。言語を理解するための言語野が左脳にあるので、これは当然かもしれませんね。

でも、これらはすべて俗説にすぎません。右脳と左脳はお互いに連携して働いているので、どちらか一方だけを使うことはできないからです。読書のときに左脳を多く使うか右脳を多く使うかは、人それぞれ。右脳を鍛えれば芸術的な脳力が向上するかというと、そこにも科学的な根拠はないのです。

ただ、ここにひとつ興味深い実験データがあります。私は以前、甲南女子大学の辻下守弘先生に、速読しているときの脳の活動部位を光トポグラフィーで測定してもらったことがあるのですが、左脳をメインに右脳の広い範囲も同時に使っていることがわかったのです。

この結果について、辻下先生は以下のようにおっしゃっています。

読書が言語を理解するものである以上、やはり一般的には左脳の働きが優位になる人

が多いものです。しかし、呉さんのように速読をしている方の場合は、一文字ずつ読んで言語だけを理解するのではなく、広い視野で捉えた文章全体の内容を、まるで写真を見るように一瞬でイメージとして脳に取り入れていると考えられます。

例えば、「今日は天気がいいですね」という文章が書かれていたら、パッと思い描いた天気のいい風景ごと内容を理解しているわけです。このように、右脳でイメージしながら左脳で言語として理解するという並列処理を行っているために、脳の広範囲がバランスよく活性化されているのです。

脳は左脳か右脳の一部分を重点的に使うのではなく、広範囲がバランスよく活性化されるほど、情報処理速度が速くなります。つまり、この光トポグラフィーの結果は、呉さんが速読によって脳を効率よく使える状態になっている証拠なのです。

脳を効率よく使える状態になると、何事に対してもイメージがわきやすくなるので、日常生活でもさまざまなメリットを得られるはずです。例えば、ちょっとした一言から他人の気持ちをイメージできれば人間関係が円滑になりますし、覚えにくいものをすぐにイメージと結びつけられれば記憶力も高まります。

どのメリットをどう使うかは人それぞれですが、速読によって脳の状態が変わっても、デメリットはひとつもないことだけは間違いないでしょう。

（甲南女子大学看護リハビリテーション学部理学療法学科　辻下守弘先生）

いかがですか？　速読トレーニングで脳が広範囲にわたりバランスよく活性化されることに納得していただけましたか？　「読書では左脳を使う」と思っていた方は、そうした固定概念を捨ててくださいね。持ち主の気持ちに素直な脳は、本当に左脳ばかりを働かせるようになり、速読トレーニングの内容をうまく吸収できなくなってしまいますから。

速読中の脳はアスリートにとって最高の状態

続いて、さらに興味深い実験データをご紹介しましょう。特に、将来トップアスリートを目指している方は、決して読み飛ばしてはいけませんよ。

同じく辻下先生に、速読中の脳波の状態を調べてもらったことがあるのですが、その結果、なんとアスリートが好成績を出すときと同じ脳波の状態であることがわかったのです。

詳しくは辻下先生に解説してもらいましょう。

脳波とは脳がどのような活動をしているかを示すものです。リラックスしているとき

はアルファ波、緊張しているときはベータ波が出ているといった話を聞いたことがあるのではないでしょうか。

少し専門的な話になりますが、アルファ波は脳波が8～12ヘルツの状態、ベータ波は脳波が13～30ヘルツの状態であるとされています。同じアルファ波やベータ波にも幅があり、簡単に言えば脳波がゆっくりのときほど人はリラックスし、脳波が速いときほど人は緊張していることになります。

スポーツの試合のように実力を発揮しなければいけないここぞというときほど、速いベータ波が出てしまう人は多いものです。いわば極度の緊張状態ですね。そのため、集中力に欠けたり体の動きが硬くなったり、頭の中が真っ白になったりしてしまうのです。

一方、本来の実力を発揮して素晴らしい成績を出したときのアスリートの脳は、ＳＭＲ波（感覚運動リズム）という脳波が出ている状態になっています。そして、速読中の呉さんの脳も、まさにＳＭＲ波が出ている状態になっていたのです。

ＳＭＲ波とは、アルファ波より速くベータ波よりも遅い、ちょうど境目あたりに位置する脳波です。つまり、適度にリラックスしながら適度に緊張感を保っているという、集中して実力を発揮するには最高の状態といえるんですね。

ここぞというときにＳＭＲ波が出ている状態にすることは、トレーニング次第で可能になります。実際、海外のプロスポーツチームの多くは、ブレインルームなどを設け、体力や技術を向上させるトレーニングと併せて脳のトレーニングも行っています。

ところが、日本は脳のトレーニングで出遅れている面があるため、トップアスリートでさえ本番で実力を発揮できていないシーンがよく見受けられます。オリンピックやワールドカップを見ているときに、「どうして日本の選手は肝心なときに転んでしまうんだろう」「こんなチャンスでどうしてシュートを決められないんだろう」などと歯がゆく感じたことがありませんか？　これらはすべて、脳が緊張しすぎているせいに違いありません。

速読トレーニングは、科学的に見てもスポーツに適応する脳のトレーニングとして理にかなっています。速読によってＳＭＲ波が出ている状態を知れば、ここぞというときにもすぐ、ＳＭＲ波が出ている状態に持っていけるようになるからです。

ですから私は、海外にはない日本独自のメソッドである速読トレーニングを、アスリートほど積極的に導入すべきだと思っています。そして、速読トレーニングを積んだアスリートが活躍するようになれば、いずれは最強のメソッドとして世界中から注目されるようになるのではないでしょうか。


（前出・辻下守弘先生）

脳の活動範囲を示す光トポグラフィー

一般の人の読書時最大活動中

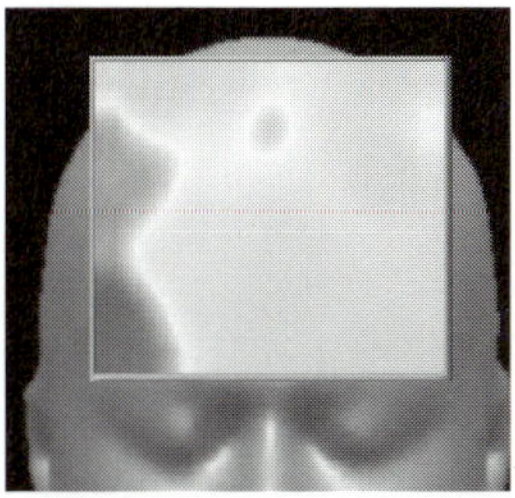

一般の人が読書を開始したとき

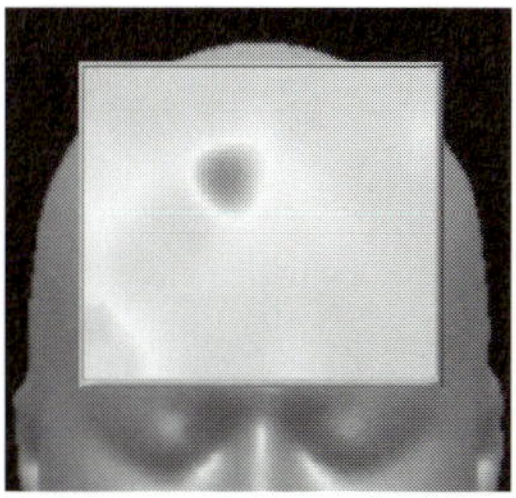

呉さんの速読時最大活動中

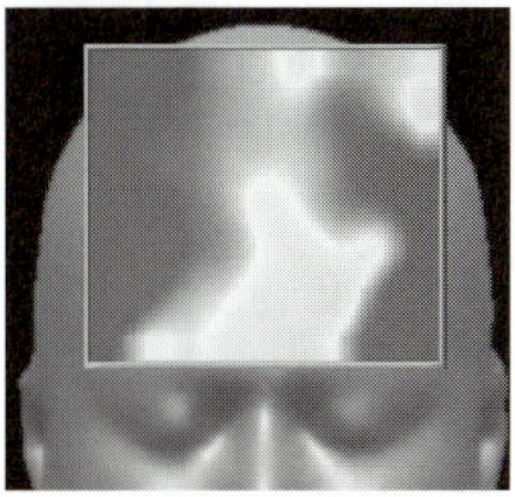

呉さんの速読開始時

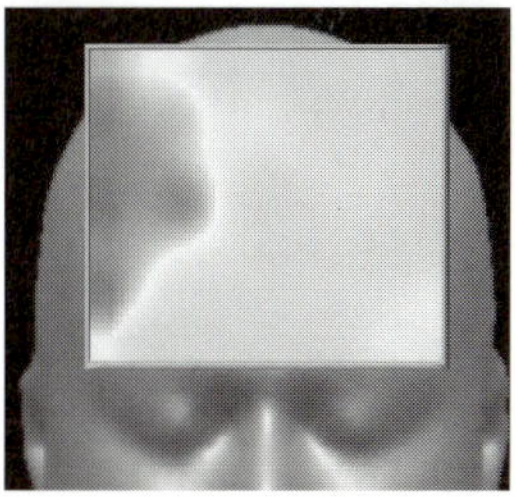

「上は、一般の人になるべく速く本を読んでもらった時のものです。呉さんの場合、最大活動中は脳全体を活発に使っていることがわかります。このように、速読には脳を広く活動させる効果があります」（辻下守弘先生）

一般の人のSMR波

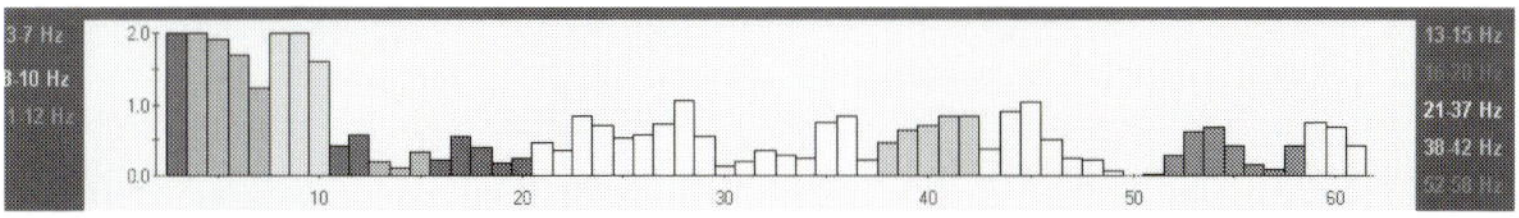

呉さんのSMR波

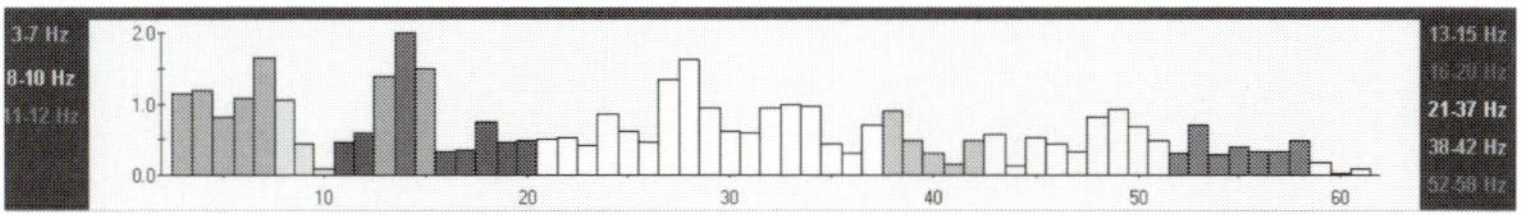

「呉さんは13〜15ヘルツのSMR波が高まっていることがわかります」（辻下守弘先生）

速読トレーニングを行うと、このように脳波の状態までもがいい方向に変わるんですね。

もちろん、スポーツだけではなく、試験や人前で何かを発表するときなども、このＳＭＲ波が出ている状態になっているほうが実力を発揮できるそうです。「とにかく本番に弱い」と悩んでいる方にとっては、まさに朗報といえるのではないでしょうか。

目の動きにも脳の活性化は表れている

読書をするとき、みなさんの目は一文字ずつ一行ずつ文章を追っていますよね？　でも、速読トレーニングを重ねて読書速度がぐんと上がると、これまでとは目の動きも変わってきます。複数の単語や行を同時に視野に入れながら読み進めるために、行の真ん中あたりで波打つように目が動くようになるのです。

いざ速読を習得すれば、意識しなくてもごく自然にそうなるわけですが、実はこうした目の動き方で本を読めること自体、脳に大きな変化が表れているということを証明しているそうなんです。

私がテレビ番組の収録で速読時の目の動きを調べたとき、実際に調査にあたってくださった日本大学の中山晴幸先生はこうおっしゃっていました。

私たちは普段、視界に入っているものすべてがキレイに見えているように感じています。しかし、「それが何であるか」という情報を具体的に認識できている範囲は、ほんの一部にすぎません。意識して視点を合わせている部分の周辺、せいぜい直径数センチの範囲といったところでしょうか。

試しに、前方を見たまま手を大きく左右に開き、指を何本か動かしてみてください。指が動いているのは見えても、指が何本動いているのかまではハッキリ見えませんよね。かなり目線にまっすぐのところまで両手を近づけなければ、自信を持って「何本動いている」とは断言できないはずです。つまり、「視界」と「認識できる範囲」は違うのです。

ですから、読書をするときも、通常なら文字の流れに沿って視点を動かさなければ、書かれている文字をしっかり認識することはできません。実際、速読をしていない方の読書時の様子をアイマークカメラ（眼球の動きを捉えて視点を追う機器）で調べたときは、丁寧に一文字ずつ視点が動いていました。

それなのに、速読中の呉さんの視点は、本の中心あたりを漂いながら横へと動いていくのです。これには驚きました。常識では考えられないことです。かなり広い範囲の情報を具体的に認識していることになりますので、「脳の状態が通常の方法で読書をしている人とは違っている」としか言いようがありません。

脳の動きと目の動きは、実に密接な関係にあります。私の研究室では、交通事故防止の観点から「運転中のドライバーはどこを見ているか」ということをアイマークカメラで調査しているのですが、この調査でもそのことを証明する興味深い結果が出ています。

例えば、免許を取得したばかりの初心者ドライバーの視点は、どこか一点に集中しがちです。おそらく、運転操作や前を走る車との車間距離を保つことで頭がいっぱいになっているために、対向車の動きや歩行者の動きといった細かな情報を捉える余裕がなくなってしまっているのでしょう。

また、熟練のドライバーであっても、携帯電話で会話を始めたとたん、視点が一点に集中しがちになります。これもおそらく、顔が見えない相手と話している緊張感や、相手の言葉を理解したり返事を考えたりすることで頭がいっぱいになり、周囲の細かな情報を捉える余裕がなくなってしまっているのです。

もし、呉さんの脳が速読トレーニングによって変わり、広い範囲の情報を認識できるようになっているのならば、速読トレーニングは交通事故防止にも大いに役立つことになります。走行中の携帯電話使用は道路交通法で禁止されているので論外だとしても、広い範囲の情報を認識できる脳の状態で運転をすれば、初心者だろうが運転能力が落ちた高齢者だろうが、いち早く危険を察知できるようになりますからね。

熟練のドライバーほど交通事故を未然に防げるのは、長年培った経験や技術によって、視点を適切に動かす→危険を察知する→対処方法を判断する→実際に車を操作して回避する……という一連の流れをスムーズに行えるおかげです。つまり、安全運転には経験や技術が欠かせないのです。

しかし、速読トレーニングで脳の状態が変われば、こうした熟練ドライバーの域に早く到達できる可能性が高まるわけですよね。となれば、交通安全を促すさまざまな機関や団体にとって、速読トレーニングは積極的に導入する価値があるといえるかもしれません。

（日本大学理工学部社会交通工学科　中山晴幸先生）

中山先生がおっしゃっていることは、私や多くの受講生も実感しています。視野が広くなり脳の処理能力が上がっていると、確かに運転中も周囲の状況を冷静にきちんと把握できます。そのため、危険をいち早く察知できますし、瞬時に事故を回避するための方法を考えて動けるようになるのです。

念のため確認しておきますが、目の動き方が変わるから脳が広い範囲を認識できるようになるのではなく、脳力を活かせるようになったから脳が広い範囲を認識できるようになり、目の動き方まで変わってくるんですよ。

少し頭がゴチャゴチャになってしまうかもしれませんが、「速読トレーニングでとにかく脳はいい状態になる」ということは、しっかりご理解いただけたのではないでしょうか。

受講生の声＜日常生活での変化編＞

料理の手際がよくなった。(43歳・女性・団体職員)

季節の変化やにおいに敏感になりました。（38歳・女性・会社員）

遠くの景色がはっきり見えるようになったり、文章を書くときに漢字がすぐに頭に浮かんできたりするようになった。また、不思議なことに荒れてガサガサだった手が荒れなくなった。（36歳・男性・会社員）

考え方が前向きになり、率先していいものを見つけ、それを周囲の人に伝えるようになった。すると周囲の人も楽しくなるようで、人間関係がとてもよくなった。また、いろんなことに感謝できるようにもなった。(38歳・男性・不動産)

好奇心が旺盛になり、いろんなことにチャレンジしたくなっています。何より、自分を大好きになりました!
(28歳・女性・アパレル)

車のナビ検索で、文字入力がスラスラとできたとき、「これも速読効果!?」と嬉しくなりました。（32歳・女性・サービス）

テトリスの最高レベルを簡単にクリアできるようになった。
(33歳・男性・スポーツコーチ)

早朝の交差点で、猛スピードのまま強引に曲がってきた車との接触を間一髪でまぬがれました。（38歳・男性・会社経営）

第4章

だから速読でスポーツが上達する

ポイントは視野拡大、思考スピードや判断力の向上

スポーツの種類は多々ありますが、上達に欠かせない要素はだいたい共通しています。状況を認識するための広い視野、その状況に瞬時に対応するための思考スピード、そして、実際にどう動くべきかを決める判断力……。こういったところではないでしょうか。

第1章でご紹介した体験談や、第2章と第3章でお話しした内容からもわかるように、速読トレーニングで脳が活性化されれば、これらの要素はすべて向上します。**速読トレーニングって、本当にスポーツにうってつけなんですね。**

そこで本章では、代表的なスポーツを例に、速読トレーニングによって**具体的にどのような上達が見られるのかについてお話ししたいと思います。**みなさんが苦手としていた部分、あるいはもっと伸ばしたいと思っていた部分が変わっていくことがわかり、俄然やる気がわいてくるでしょう。

ただし、速読トレーニングでスポーツが上達するためには、普段から基礎練習をしっかり行っていることが前提です。いくら視野が広くなって思考スピードや判断力が上がっても、そこで発揮できる技術がなければ意味がありませんからね。１５０㎞のボールに当て

てもヒットはとばせない私と一緒になってしまいます（笑）。

決して速読トレーニングだけに甘えず、あくまでも「それまで発揮できなかった練習の成果が発揮できるようになる」というスタンスを忘れないようにしてください。

野球なら……投球も打球も球筋がよく見える！

第2章の冒頭でお話しした、誰でも１５０㎞の速球が打てるようになる仕組みを、みなさん覚えていますか？　脳が活性化すると、投げたボールを見てから手の筋肉に「バットを振れ」と指令を出すまでのスピードが速くなるので、余裕を持ってボールがくる位置にバットを構えられるようになるんでしたよね。スピードと球筋を余裕を持って見極められれば、あとは全力でバッティングのテクニックを活かせばいいんです。

しかも、みなさんが小中学生、あるいは高校生だとしても、もしくは社会人だとしても、１５０㎞の速球を投げられるピッチャーはまずいませんよね。プロ野球の選手でも、それほどのピッチャーは一握りです。

つまり、練習や試合ではもっと遅いボールと対峙するわけですから、ビックリするほどボールがゆっくり見えるようになるかもしれません。実際、**「投げた瞬間にストライクか**

ボールかがわかる」「ボールの縫い目がハッキリ見える」と話す受講生の方はたくさんいます。

もちろん、スピードと球筋がしっかり見えて素早く反応できることは、**守備にも役立ちます。**バッターが打った瞬間にボールの行き先が読めれば、余裕を持って捕りにいけますからね。「これまでは捕れなかったボールも捕れるようになった」と実感できる方もいるでしょう。

同じく、**キャッチャーにとっても大きなメリットがあります。**キャッチャーはマスクを被っているので、上にそれた投球はどうしても見づらく捕りにくいですよね。でも、ピッチャーが投げた瞬間に球筋が読めれば、自然とボールがくる位置がわかるので、見えていなくても感覚で手を伸ばして捕れるようになるのです。これは、本人よりも周囲の人間が変化に気づくことが多いようです。

また、脳が活性化して処理能力が上がると、他人の動きをじっくり観察する精神的な余裕が生まれるので、ピッチャーのクセを見抜くのも早くなります。クセを早く見抜ければ、バッターとしては次にどんな球がくるか、いち早く読めますし、ランナーとしては盗塁が成功しやすくなりますよね。となれば、試合運び全体が有利になることは間違いないでしょう。

バスケなら……凡ミスが減り、ヘルプをする余裕も出てくる

バスケットボールの場合、まずは視野が広くなったことで、**両チームのメンバー全員の動きがよく把握できる**ようになります。そのうえで、「この状況なら自分はどう動くべきか」ということを瞬時に考え、判断を下せるので、もっとも適切な行動を取ることができるようになっていきます。

例えば、これまではボールの動きを追うのに精いっぱいだった人でも、敵と味方の動きが見えていれば、誰もいないところや、敵にパスを出してしまうといったパスミスが減りますよね。

同じく、周囲がきちんと見えていれば、パニくってしまうことがなくなるので、パスのタイミングを逃してダブルドリブルをしてしまうなどの凡ミスも減っていきます。これが最初に感じる変化かもしれません。

もちろん、パスカットやドリブルカットをされてしまうことも減りますし、むしろ自分がカットするチャンスをたくさん見つけられるようになるはずです。

チャンスを見つけられるようになるという側面から考えれば、当然、速攻も成功しやす

くなるでしょう。相手チームのゴール下でリバウンドをとった瞬間、ディフェンスがガラあきのところを目ざとく見つけていれば、もたつかずにパスを回せますからね。

また、ディフェンスは基本的にマンツーマンが多いと思うのですが、視野が広くなり、判断力も向上していると、すかさずディフェンスを抜かれてしまったチームメイトのヘルプに回れるようにもなります。そのため、知らず知らずにチーム内の〝頼れる存在〟になっていた……なんて嬉しいオマケがついてくるかもしれません。

さらに、「速読トレーニングをすると練習の成果を発揮できるようになる」と先に言いましたが、それを**わかりやすく実感できるのがフリースローのとき**です。

練習では決めていたフリースローが、いざ試合になると失敗しがちになるのは、「入らなかったらどうしよう」というプレッシャーや緊張を受け取った脳が、本当に入らないように筋肉を動かしてしまうからなんですね。

でも、速読トレーニングで活性化した脳なら、むやみに緊張して働きが鈍ることはありません。先ほどのＳＭＲ波のように、適度にリラックスした状態で、普段の練習どおりにフリースローを決められるようになるでしょう。

サッカーなら……キーパーの立ち位置まで把握できるように

パスやドリブルをつないで得点を決める……という点で、サッカーはバスケとよく似ています。そのため、どう上達していくかも基本的には似ています。広い視野と適切な判断力により、**パスやドリブル、そしてシュートでも、状況に応じて適切な動きができる**ようになるんですね。

あえて補足するなら、サッカーにおいては**キーパーの立ち位置までしっかり把握できる**ようになることが、持ち前の技術を活かせるポイントになります。

視野が狭いとキーパーにまで注意が行き届かず、ゴール付近でのパスに失敗してしまうことが多いものです。でも、キーパーが前に出ているか後ろに下がっているかがちゃんと見えていれば、とっさの判断でベストポジションにいるチームメイトにパスを回せるようになりますよね。

また、キーパーが前に出ていることが見えていれば、パスが回ってきた瞬間に、ボールを浮かせてキーパーの頭越しにシュートする、いわゆるループシュートを鮮やかに決めることもできるようになるでしょう。これは視野が広い人ならではのプレーですよね。

いずれにせよ、脳が活性化していて精神的に余裕があれば、シュートの際にいきなりキーパーが飛び出してきても、慌てず冷静にコースを選べるはずです。

もちろん、バスケのフリースローと同様に、試合でも練習どおりにＰＫを決められるようになります。バスケと違ってキーパーがいるので、練習のときと同じ確率で成功させるのは難しいかもしれませんが、少なくともガチガチに緊張して、キーパーが構えているど真ん中に蹴ってしまうようなことはなくなると思います。

テニスなら……状況判断の早さで打ち返すボールのパワーも変わる

テニスでも、１５０㎞の速球が打てるようになるのと同じ理由で、これまで対応できなかった**速いボールにも対応できる**ようになります。相手がボールを打った瞬間にスピードとコースを見極められるようになるので、移動とラケットを振る動きに余裕を持てるからです。

このように状況判断が早くなると、ただ単にボールを打ち返せるようになるだけではなく、**打ち返すボールにも変化が表れてきます。**実際、「練習相手に『前とはボールが変わったね』と言われるようになったんです」と話す受講生は本当に多いんです。なぜだと思いますか？
その答えは明快で、状況判断が遅かったときはボールに追いつくのがやっとだったため、崩れたフォームのまま打ち返していたんですね。でも、状況判断が早くなれば、体を動かすのに余裕が持てるので、**きちんとフォームを立て直してから打ち返すことができる。**そのため、ボールにパワーが出るようになったというわけです。

それに、いつでもきちんとフォームを立て直せれば、ラリーの際にもチャンスを逃すことなく相手が返しにくいコースを選んでボールを打ち返すことだってできるようになります。そのように技術を活かすことによって、勝負強さが身につくはずです。

当然ながら、**バドミントンや卓球など**、テニスと同じ打ち合うスポーツなら、同じような上達が見込めます。状況判断の早さに体が慣れれば、キレのあるスマッシュもラクに繰り出せるようになるのではないでしょうか。

余談ですが、「速読トレーニングで体がラクに動かせるようになったな……」と感じ始めた矢先に、なんと59歳にして市民大会で若い現役選手に勝利したという受講者の方がいます。

スポーツには体力や筋力、反射神経などが欠かせませんが、どれも向上するには年齢的な限界があります。しかも、年齢を重ねれば重ねるほど、その限界点は下がってきてしまいます。でも、脳力はその限界以上に運動能力をアップさせてくれるのです。

まだ若い10代の方にはピンとこないでしょうし、伸びしろがある以上は体力や筋力、反射神経のトレーニングも怠ってはいけません。ただ、「脳力は限界のない強い味方」と信じて、体と一緒にどんどんトレーニングしてあげましょう。

ゴルフなら……カップまでのラインが見えてパット数が減る

ゴルフをしていて行き詰まりを感じるのは、スコアが伸びないときですよね。そして「パターが上達しない」ということに悩みの原因がある場合も多いでしょう。

速読トレーニングを行うと、まさにその**パターが上達していきます**。嘘だと思われるかもしれませんが、視野が広がって視点が変わることで、どのラインに乗せればボールがカップに入るかが見えるようになってくるんです。

具体的に説明しますと、これまでは見えていなかった芝目の流れや些細な起伏などが、本当によく見えるようになるんですね。そのため、ワンパットや少ないパット数でボールをカップに入れるためのラインが、**実際にラインを引いたかのようにハッキリと浮かんでくる**のです。

視野が広がって脳の処理能力が上がると、これまでは見えていても認識できていなかったものが認識できるようになることは、第3章でお話ししましたよね。ラインが見えるのもそのせいで、特別なことではないんです。

「速読トレーニングを始めてからパット数が減った」という受講者の中には、ベストスコアが出たという方も少なくありません。こう聞けば、実際にラインを見ることを意識しない手はないですよね。

また、判断力も上がっているので、何パターンか見えたラインの中からベストなラインを決定するのも早くなります。よく、「芝目を読む」などといって、パターを立てたままずっとグリーンを見続け、同行者をイライラさせる人がいますよね。私も時々コースを回るのですが、他人からはサッサと打っているように見えるのにワンパットで入ったりするので、逆に「なんで!?」とか「まぐれでしょ!?」といった反感を買ってしまうことがあります（笑）。みなさんもぜひ、こんな嬉しい反感を買われるようになりましょう。

勉強はもちろん、美術や音楽など芸術方面でも効果大

スポーツが上達していく具体例を知って、これまでとは違うプレーをしている自分の姿

をイメージできたのではないでしょうか？「いますぐ速読トレーニングを始めたい！」と思ってくださっていれば嬉しいのですが、その前にもう少しだけ速読効果の話にお付き合いください。

発揮できるようになった脳力が幅広く応用できることは、みなさんもうご存じですよね。例えば勉強においても、短時間で復習を重ねたり、試験時間内に余裕を持って問題を解くことで、**結果的に成績がアップする人が少なくない**ということは、すでにお話ししたとおりです。

そして、そんなふうに脳力を発揮できるひとつのシーンとして、美術や音楽など芸術的な活動においても、これまで感じたことのなかった変化が表れるようになります。

まず、**「絵を描く」**という行為には、観察力やイメージ力が欠かせませんよね。このとき、速読トレーニングで視野が広がり、脳の処理能力が上がっていれば、これまでは見えていなかったものが見えるようになるため、新たな視点からモチーフを観察できるようになります。

あるいは、ちょっとした物事にも敏感に反応できるようになることで、これまではモチーフとして捉えていなかったものからも、さまざまにイメージを膨らませるようになります。となれば、絵の独創性がぐっと高まりますよね。

また、**楽器を演奏する**場合は、脳の処理能力に余裕があるおかげで、いま演奏しているところだけでなく、その先の流れまで読み取れるようになります。つまり、音と音の連続性や全体の流れを意識しながら演奏できるので、これまでよりも演奏のクオリティーが上がります。

しかも、精神的にも余裕がありますから、緊張してミスをしてしまうことも減っていきます。精神的に余裕があれば、演奏をこなすだけで精いっぱい……という状態にはならないので、より深く情感を込めて演奏することも可能になるでしょう。

ビジネスシーンもガラリと変わる

速読効果はビジネスシーンにも大きな変化をもたらします。「ビジネスマンじゃないから興味がない」という方は読み飛ばしていただいても結構ですが、できれば読んで、親御さんなど身近なビジネスマンにも速読トレーニングを勧めてあげてください。

まず単純に、**本や資料を短期間でたくさん読めるようになる**ことだけでも、忙しい現代のビジネスマンにとっては大きなメリットですよね。でも、脳力が活かせるようになる速読効果は、それだけじゃあ収まりません。ほかにも日々の仕事がラクに、そして楽しくなるメリットは数え切れないくらいにあるのです。

例えば、**面倒な事務処理を後回しにしなくなります**。なぜなら、書類やメールにサッと目を通せるようになるのはもちろんのこと、脳の処理能力が上がると段取りもスムーズに考えられるようになるので、事務処理にかかる時間が圧倒的に短くなるからです。早く終わるなら面倒じゃないですし、後回しにすることもなくなりますよね。

また、集中力が高まるので仕事の効率が上がります。一般的に、ひとつのことに取り組んでいるときのほうが集中力は高いと思われがちですが、それは誤解です。ひとつのことに集中しすぎると、脳が緊張して処理能力が落ち、むしろ集中力は高まりません。

でも、脳の処理能力が上がっていくと、いろんな情報を同時に認識し、さらに脳の処理能力を上げながら、余裕を持って集中できるようになるんですね。仕事がデキる人って、パソコンに向かいながら電話に応対し、急な質問にもパッと答える……そんなイメージじゃないですか？　そのイメージは正しくて、集中力が高い人ほど複数のことを同時にこなせるので、結果的に**仕事の効率が上がる＝仕事がデキる人間になれる**のです。

脳の処理能力が上がって多くの情報を認識・処理できるようになれば、当然アイデアもどんどんわいてくるようになります。脳力を活かせず少ない情報しか認識・処理できていないときは、どうしてもその範囲内でしかアイデアは出てきませんから、以前と比べて企画力が格段にアップしたことを実感できるかもしれません。

さらに、苦手な方が多いであろう**プレゼンにも強くなります**。視野が広がり、脳の処理能力が上がっていくと、周囲の様子がよく把握できるうえ、予想外の質問を投げられたときの対処法も落ち着いて考えられるので、必要以上に緊張することがなくなるからです。

そもそも、短期間でたくさんの資料を読めていれば、それだけ多くの材料を用意できるはずですし、高い企画力をもってすればプレゼン内容の質自体も向上しますよね。そういった点も含め、リラックスしてプレゼンに臨めるようになるのではないでしょうか。

仕事でこのようなメリットが生まれるのは、広い範囲や先々のことまで読めるようになったために、時間や気持ちに余裕ができたからにほかなりません。

ですから、ふと「最近、仕事がラクになったな～」と感じたら、それは時間にも気持ちにも余裕ができてきた証拠。知らず知らずのうちに、ここでは紹介しきれなかったさまざまなメリットも享受していることでしょう。

家事の効率アップ、交通事故防止、人間関係の向上にも！

ほかにも、脳力を発揮できるシーンはまだまだあります。

例えば、主婦の方なら**家事の効率が上がります**。特に料理は、作り方も所要時間も異なるものを同時進行で作らなければならない、段取りが命の高度な作業ですよね。でも、脳の処理能力が上がっていれば、段取りを考えることなんてお手のもの。下準備をして、煮たり焼いたりして、味付けをして……という一連の流れを、それぞれの完成時間を逆算しながらテキパキとこなせるようになるでしょう。

しかも、時間や気持ちに余裕があれば、ちょっと味付けにこだわってみたり、盛りつけを工夫してみたりと、これまではできなかったひと手間をかけられるようにもなるはずです。そのおかげか、**「手の込んだ料理を作れるようになった」「料理が好きになった」**と話す受講生の方が大勢いらっしゃいます。

これは家族全員にとって嬉しいことですから、主婦じゃない方でも「関係ない」とは思いませんよね？　やはり親御さんなどに教えてあげてください（笑）。

また、第3章で中山晴幸先生のご意見を紹介した際にもお話ししたように、車を運転される方なら**交通事故の防止**にもつながります。視野が広くなり脳の処理能力が上がっていると、周囲の状況をきちんと把握して危険をいち早く察知し、瞬時に事故を回避するための行動を取れるようになるからです。

私はタクシー運転手さんの安全講習の講師を務めることがあるのですが、最初はみなさん「なぜ速読なんてしなきゃいけないの？」という顔をされます。確かにその気持ちもわかりますよね。でも、理屈を説明すればちゃんと納得してくださいます。

もちろん、周囲の状況をきちんと把握できるようになることは、歩行者にとっても交通安全につながります。車の予想外の動きをいち早く察知して回避する行動を取れば、事故に巻き込まれずに済みますからね。

そして最後に、誰もが脳力を発揮してほしいシーンとして、**人間関係がよくなります。**時間や気持ちに余裕ができると、他人の様子を落ち着いて感じ取る余裕も出てくるんですね。すると、**先回りしてフォローしたり、気の利いた言葉をかけたりすることができる**ようになる。つまりは、他人を思いやるようになるんですね。他人を思いやるようになれば、人間関係がよくなるのは言うまでもありません。

他人を思いやる人は、自然と周囲から頼られるようになります。実際、私は企業の経営者に向けた講習の講師も務めているのですが、「社員を必要以上に怒らなくなったので、前より信頼されるようになった」といった声をたびたび聞きます。リーダーシップが必要な立場の人にとっては、本当に大きなメリットですよね。

それに、他人のちょっとした顔色の変化に気づけることは、トラブル防止に役立ちます。例えば営業マンなら、取引先の人間の表情が曇っていることに気づかないままゴリ押しし、せっかくの商談がまとまらないというようなことは減るはずです。表情に気づけば、冷静に取引条件を見直したり、出直したりすることができますからね。

友人関係においても同じです。相手が機嫌を損ねていることに敏感に気づけば、不用意に怒らせてしまうことが減り、つまらないケンカをせずに済むようになるでしょう。

いい人間関係は、人生を豊かにします。速読トレーニングで脳力を活かせるようになったあかつきには、ぜひこのことを意識的に思い出してほしいものです。

ここまで読んで、「本当にこんな都合のいいことばっかり起こるの？」と怪しんでいる方もいらっしゃるかもしれませんね。私自身、インストラクターを始めた当初は、速読にこれほどの効果があるとは思っていませんでした。でも、ご紹介した効果は、すべて受講生の方々が実際に体感したこと。間違いなく事実なんです。

効果の表れ方には個人差がありますし、徐々に表れてくる効果はなかなか実感しにくいかもしれません。それでも、速読トレーニングを続けていれば、いつか必ずレベルアップした自分に出会えます。どうかそれを信じてトレーニングを始めてくださいね。

受講生の声<ビジネスでの変化編>

家事や育児をこなしながら、効率よく勉強できたので、銀行員として必須である資格試験に合格することができました。
(32歳・女性・銀行員)

うっとうしいと思っていた事務仕事が苦にならなくなった。
(60歳・男性・会社経営)

大量の資料を読むことにストレスを感じなくなった。
（37歳・女性・自営）

心理カウンセラーという仕事上、瞬時にクライアントが話す内容を整理して、どんな言葉を返すべきかを判断したりする必要があるのですが、その力が向上しているように感じます。
（40歳・男性・心理カウンセラー）

事務処理にかかる時間が格段に短くなり、物事を考える時間も圧倒的に短縮した。（35歳・男性・自動車用品販売）

A４書類ならひと目見て処理できるようになった。
(63歳・男性・市議会議員)

手術中にほかの医師や看護師の動きがよく見えるようになった。その結果、手術時間が以前よりも短くなった。
(44歳・男性・医師)

予定変更に伴う段取りの組み直しが早くなり、その結果、仕事がどんどん楽しくなっています。（38歳・男性・不動産）

第5章

すぐに効果がわかる！
実践　速読トレーニング

モットーは「頑張らない」「焦らない」こと

さて、いよいよ速読トレーニングの実践です。みなさん、気合いを入れて頑張っていきましょう！

……というのは嘘です（笑）。気合いが入っている方は、まずその気合いを捨ててください。速読トレーニングを行うにあたっては心構えが重要になってきますので、ちょっとだけそのお話をします。速読トレーニングにおける正しい心構えとは何か？　それは「決して頑張らない」ということなんです。

第2章でもお話ししましたが、「頑張ろう！」と力みすぎると、逆に脳の回転速度や処理速度が鈍り、脳にブレーキがかかってしまいます。それでは、いくらトレーニングで脳を活性化させようとしても、なかなか思うように活性化してくれませんよね。

つまり、何事においても真面目で意欲的な人ほど成果が出るものなのに、**速読トレーニングに限っては真面目で意欲的な人ほど成果が出にくい**。なんだか面白いですよね。ですから、「自分は普段から真面目すぎるな……」と自覚している方は、どうかトレーニング中だけでも〝適当〟で〝いい加減〟な人になってくださいね。

また、速読とは「速く読む」ことではなく、「自然と速く読めている状態」を指すということは、何度も繰り返しお伝えしました。意識して速く読むのではなく、気づけば速く読めているのが速読なんです。それなのに、いざトレーニングを始めると、「早く成果を出さなきゃ！」と焦ってしまう人も少なくありません。

この焦りもまた、脳の活性化を妨げるブレーキになります。焦らなくても自然と速く読めるようになるのですから、むやみに脳を緊張させるのはやめてください。

さあ、もう心構えはよろしいですね？　**速読トレーニングを行えば脳は勝手に活性化してくれます**し、脳が活性化して脳力を活かせるようになれば、誰でも自然と速く読めるようになります。頑張っている意識はなくても、脳はちゃんと頑張っていますから。

トレーニングの準備

それでは、トレーニングを始める前に準備をしましょう。まずは付属のＤＶＤをセットしてください。本章では基本的に**ＤＶＤに沿ってトレーニング方法をご説明していきます**が、細かなアドバイスを書き加えていますので、一度目を通していただけると幸いです。

トレーニング前に手元に用意していただくものは以下の３つです。

◎ライトノベル

読書速度の計測およびトレーニングに使用します。内容はどんなものでも構わないのですが、トレーニング時は今後も同じ本を使うことになりますので、気楽に読めるライトノベルをおすすめしています。読んでいて嫌になってしまうような、難しい内容の本は避けたほうがベターでしょう。

◎ストップウォッチ

読書速度を計測するときなどに使用します。計測に協力してくれる方がいらっしゃるなら普通の時計でもOKですが、一人で行う場合は6秒たったことを知らせてくれるストップウォッチが必要です。本を読みながら時計を見るのは不可能ですからね。

ストップウォッチをお持ちでない場合は、キッチンタイマーやカウントダウン機能のある携帯電話などでも十分です。また、DVDを見ながらトレーニングする方は、ストップウォッチは必要ありません。

◎読書速度計測表

巻末に用意してあります。ここに、のちほど測るトレーニング前とトレーニング後の読書速度などを記録していきます。これを見れば読書速度の変化がひと目でわかるようになっていますので、忘れずに日付も記入してください。

現在の読書速度を計測

準備が整ったら、現在の読書速度を計測してみましょう。今後もトレーニングのたびにトレーニング前とトレーニング後の読書速度を計測してもらうことになりますが、初回のトレーニング前に測る読書速度は、本当に本当のスタート地点です。これから先の変化を知るための重要な数字になりますので、必ず計測してくださいね。

読書速度は「1分間の読書量」という形で表します。でも、いちいち1分間読むのは大変ですし、その文字数を数えるのも大変ですよね。そのため、**速読トレーニングでは6秒間の読書量を測り、その文字数を10倍して1分間の読書量を割り出します**。これなら簡単ですよね。

それでは、タイマーを6秒にセットして、スタートボタンに指を置き、用意したライトノベルを開いてください。音読ではなく黙読で、あくまでも普段どおりのペースで読んでくださいね。誰かと速度を競うわけではないのですから、くれぐれも無理して速く読もうとしてはいけませんよ。

……タイマーが鳴ったら終了です。読めた最後の文字の下に線などで印をつけてください。そして、そこまでの文字数を数え、その数字を10倍してください。それがいま現在の読書速度になります。読書速度記録表の「トレーニング前」のところに、日付と一緒に結果を記入しましょう。

みなさんのスタート地点の数字はどうでしたか？　第2章でお話しした通り、日本人の平均読書量は1分間に６００〜８００字で、２００ページほどの本を読むのにだいたい３時間くらいかかるといわれていますが、それより遅くても気にすることはありません。トレーニングをすればもっともっと速く読めるようになりますから、「今後の変化を知るための基準」だと気楽に捉えておいてください。

※ご注意　目に疾病（網膜剥離、緑内障、白内障など）や光過敏症の症状のある方は、次の状態で問題が発生しないかどうかをあらかじめ医師にご確認下さい。

・10秒ほど、眼球を素早く動かす。

・１秒間で最高４回の点滅を繰り返す画面を見る。

Soku Doku 速読トレーニングの流れ Soku Doku

脳力チェック

▼

目のストレッチ

▼

速く見る

▼

視野を広げる

▼

流れる文字を眺める

▼

再び読書速度を測る

DVD

Soku Doku

1分間に何文字読めるか測ります

用意するもの

ストップウォッチ　ライトノベル　読書速度記録表　筆記用具

DVDを見ながらトレーニングする場合は、ストップウォッチは必要ありません。

1 ライトノベルを開き、普段の速度で6秒間黙読します

▼

2 読めたところに印をつけます

▼

3 その文字数を10倍し読書速度記録表に記入します

タイマーをセットしたら6秒間、音読ではなく黙読します。焦ることなくいつものスピードで。6秒たったら読めたところに印をつけます。読書速度量は1分間で表しますので、6秒間で読めた文字数を10倍します。これがあなたの、トレーニング前の読書速度になります。巻末にある「読書速度記録表」の「速読トレーニング開始日」のシートに、10倍した数字を記入しましょう。

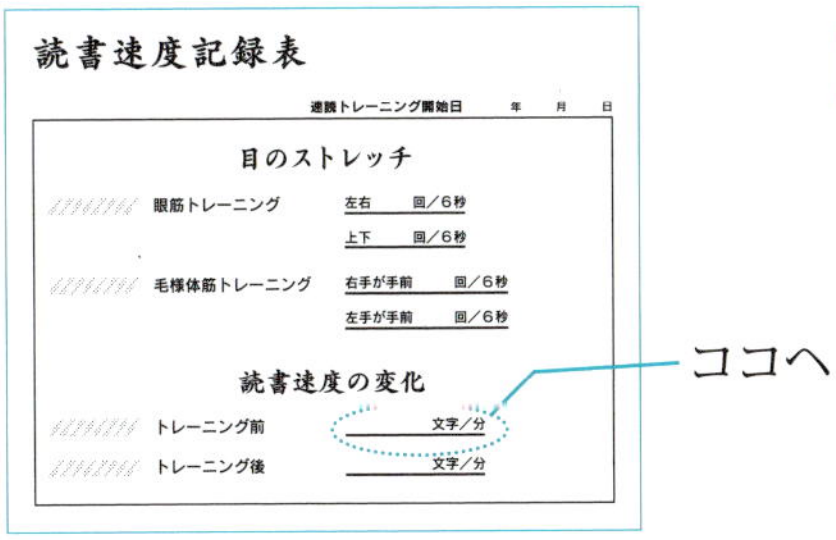

読書速度記録表

速読トレーニング開始日　　年　　月　　日

目のストレッチ

	眼筋トレーニング	左右　　回／6秒
		上下　　回／6秒
	毛様体筋トレーニング	右手が手前　　回／6秒
		左手が手前　　回／6秒

読書速度の変化

	トレーニング前	文字／分
	トレーニング後	文字／分

トレーニング1　目のストレッチ

現在の読書速度を知ったところで、いざトレーニング開始です。まず最初は、〝目〟をストレッチしてあげましょう。

私たちは**普段の生活で、眼球だけを動かすことはほとんどありません**。真横や真上にあるものを見るときだって、たいていは首や顔を同時に動かしていますよね。そのため、眼球を動かすための筋肉＝眼筋は、あまり鍛えられていないことが多いんです。

もちろん、本を読むのは目ではなく、目から入った情報を脳が認識して、初めて「本を読む」ことになるわけですが、入り口にあたる目も鍛えておくに越したことはありません。

目は、いわばカメラのレンズの役割を果たしています。レンズは汚れて曇っているときより、キレイでクリアなときのほうがいい情報がたくさん入ってきますよね。ですから、カメラのレンズを拭くようなイメージで、目をストレッチしてあげるんです。

目からいい情報がたくさん入ってくるようになる、つまり目のパフォーマンスが上がれば、それを受ける脳のパフォーマンスも上がっていきます。より速読トレーニングの効果を高めたいなら、**目のストレッチも毎回欠かさず行いましょう**。

眼筋トレーニング

眼筋は、眼球を大きく動かすことで血流がよくなり、普段よりもその機能を発揮してくれるようになります。

写真を参考に、まずは左右のストレッチをしてみましょう。

顔の両側に、両手の人さし指を立てます。あまり顔から離さず、ちょうど目の横あたりに立てるのがいいですね。そして、**頭や顔を動かさずに正面を向いたまま、眼球だけを素早く動かして右・左・右・左と交互に指を見てください。**

これもタイマーを6秒間にセットし、〝右から左〟〝左から右〟の片道を1回として、何回動かせたかを数えて記録表に記入しておきます。ストレッチなので回数の多さは関係ないのですが、ストレッチを繰り返すほど目が鍛えられ、ある程度まで回数は増えていきますので、その目安として記録しておくのです。

なぜ6秒間なのかというと、慣れないストレッチであまり無理をしてほしくないからです。放っておくと何十秒間も続けてしまう人が、なかにはいますからね。無理せずできる範囲で行い、疲れたらすぐにやめましょう。

さて、６秒間の回数を数えられましたか？　回数を記入したら、次は上下のストレッチです。

今度は顔の少し上と下、ちょうどおでこと顎の前あたりに人さし指を水平に置き、同じく頭や顔を動かさずに正面を向いたまま、眼球だけを素早く動かして上・下・上・下と交互に指を見てください。

６秒間に動かせた回数を数えたら、こちらも記録表に記入しておきましょう。

毛様体筋トレーニング

続いては、毛様体筋のストレッチです。聞き慣れない言葉だと思いますが、**毛様体筋とは簡単にいうと、ピントを調節するときに使う筋肉のこと**。ここを鍛えておけば、瞬時にピントを合わせやすくなり、目のパフォーマンスが上がるんです。

写真のように、**目の前10㎝くらいのところに右手人さし指を、そこからさらに20㎝くらい離れたところに左手人さし指を立てます**。この状態で、**奥・手前・奥・手前と交互に指を見てください**。できるだけ素早くリズミカルにピントを調節しましょう。

６秒間の回数を数えて記録表に記入したら、今度は左手人さし指が手前、右手人さし指が奥になるように入れ替え、再び6秒間交互に指を見ます。こちらも回数を数えて記録表に記入してください。

人にはそれぞれ〝利き目〟がありますから、指を入れ替える前と後ではピントの合わせやすさが違っていたと思います。でも、スポーツをされる方の場合、どんなときでもすぐにピントを合わせられ、目が使いやすい状態になっているほうが有利ですので、両目をまんべんなく鍛えておいてあげましょう。

これで目のストレッチは終了です。前にも言いましたが、慣れないストレッチで無理をすると目が疲れてしまうので、「目を動かすと気持ちいい！」と思っても、せいぜい一日1〜2回でやめておいてください。

特にコンタクトレンズをされている方は、目が疲れたり痛くなったりしやすいので、無理は禁物です。可能なら外してからストレッチを行うといいでしょう。

Soku Doku

眼筋トレーニング

目を左右に動かす

交互に
↔

普段はあまり動かすことのない、目の筋肉のトレーニングです。顔の両側に、両手の人さし指を立てます。そして、頭や顔を動かさずに正面を向いたまま、眼球だけを素早く動かして、右・左・右・左と交互に指を見てください。「右から左」「左から右」の片道それぞれ1回のカウントです。6秒間に動かせた回数を読書速度記録表に記入しましょう

顔は動かさないようにね!

DVD

トレーニング
1

トレーニング1

目のストレッチ

Soku
Doku

眼筋トレーニング

目を上下に動かす

今度は顔の少し上と下、おでこと顎の前あたりに人さし指を水平に置きます。同じく頭や顔を動かさずに正面を向いたまま、眼球だけを素早く動かして、上・下・上・下と交互に指を見てください。6秒間に動かせた回数を数えたら、こちらも記録表に記入しておきましょう。

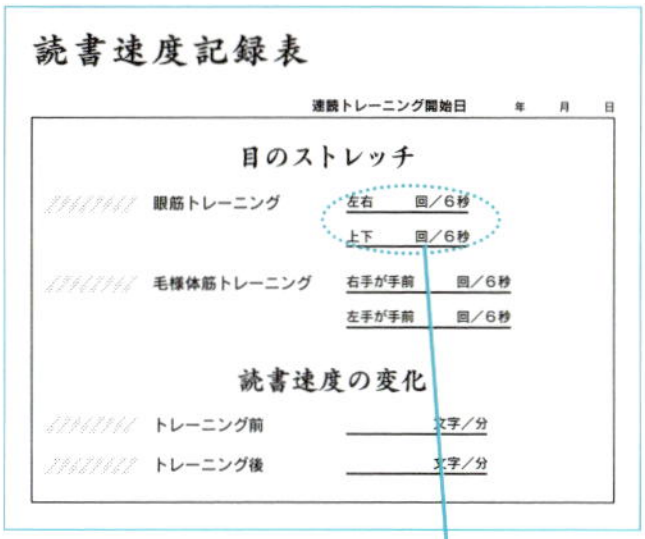
読書速度記録表

速読トレーニング開始日　年　月　日

目のストレッチ

眼筋トレーニング　左右　回／6秒
上下　回／6秒

毛様体筋トレーニング　右手が手前　回／6秒
左手が手前　回／6秒

読書速度の変化

トレーニング前　文字／分
トレーニング後　文字／分

ココヘ

DVD

Soku Doku

毛様体筋トレーニング

手前と奥を見る

ピントを調節するときに使われる筋肉を鍛えます。目の前10㎝くらいのところに右手人さし指を、そこからさらに20㎝くらい離れたところに左手人さし指を立てます。この状態で、奥・手前・奥・手前と交互に指を見てください。できるだけ素早くリズミカルにピントを調節しましょう。6秒間の回数を数えて記録表に記入したら、今度は手を入れ替えてやってみましょう。

DVD

トレーニング
1

トレーニング2

文字を読まずに速く見る

ここからは、脳の処理能力を上げていく本格的なトレーニングに入ります。第3章で、脳はたくさんの情報を速く送り込まれれば送り込まれるほど、それらを処理するために自ら処理能力を上げていくとお話ししましたよね。そのための初歩的なトレーニングとして、普段は読んでいる文字を〝読まずに速く見る〟練習をしましょう。

再びライトノベルを手元に置き、最初に読書速度を計測するときに読んだページを開いてください。そのページを6秒間、今度は文章を**読まずに一行ずつ素早く目で追っていくんです。目から入る情報量が多ければ多いほど、脳の処理速度は上がっていきます**。

6秒間で1ページすべてを見るような気持ちで行うといいですね。

いつもの習慣で、文章を前にするとどうしても読んでしまう方が多いと思いますが、ここではその習慣をスッパリ忘れてください。内容を理解するのではなく、目から脳にたくさんの情報を速く送り込むのが目的です。〝読まずに速く見る〟を心がけましょう。

6秒間で進んだところに印をつけてください。この速く見るトレーニングも、6秒間を3回繰り返します。

Soku Doku

文字を読まずに速く見ます

1 6秒間で、文字を読まずに、素早く目で追います

▼

2 6秒間で進んだところに、印をつけます

▼

3 もっと速く目で追うつもりで、もう一度6秒間速く見ます

▼

4 6秒間で進んだところに、印をつけます

ライトノベルを手元に置き、「脳力チェック」で読んだページを開きます。そして、文字を読まずに一行ずつ素早く目で追っていきましょう。文章が読めてしまうということは、そもそも見るスピードが遅いということ。読めない速度で見て脳の処理速度を上げるためには、最初に計測した読書量の3倍を超えることを目安に、もっと速く見てください。 超えられた方も超えられなかった方も、〝読まずに速く見る〟ことに少し慣れてきたはずです。もっと慣れればより速く見ることができるようになります。

トレーニング2

文字を読まずに速く見る

☑ DVD トレーニング 2

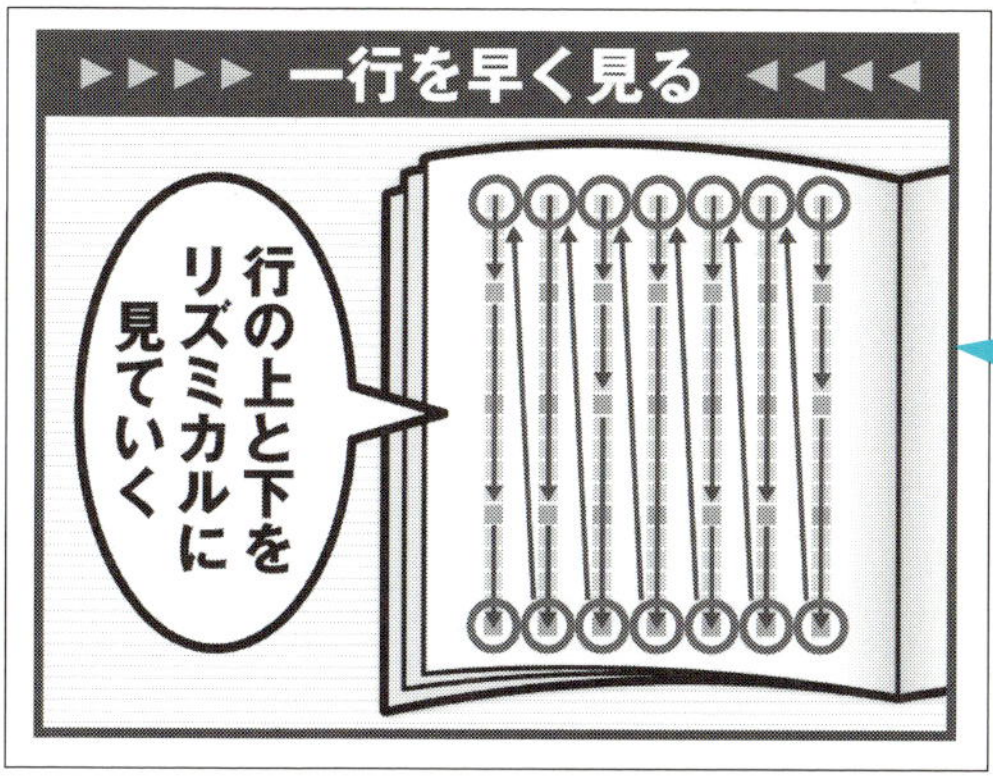

一行を早く見る
行の上と下をリズミカルに見ていく

目に入った文章をつい読んでしまい、思うように速く見ることができなかった方には、コツをお教えしましょう。行の一番上の文字と一番下の文字を点のように捉え、その点を交互に追っていくような感じで目をサッサッと横に移動させていくんです。こうすれば、いちいち文章が目に留まることはなくなっていくと思います。

5 最初に測った量の3倍を目指し、6秒間でもっと速く見ます

▼

6 6秒間で進んだところに、印をつけます

1ページすべて見ることができた方は、"読まずに速く見る"がちゃんとできている証拠です。その調子ですよ。

Soku Doku

能力チェックで最初に測った読書量の3倍を目指しましょう

トレーニング3

視野を広げる

文章を前にすると、人はどうしても視野が狭くなってしまいます。そこで、文章をさらに速く見ることができるようになるために、ここでひとつ視野を広げるトレーニングを行いたいと思います。

まっすぐに前を向いたまま、**顔の両側に両手を出してください。その手を少しずつ手前に引いていって、手が見えるギリギリの位置でいったん止めましょう**。手をグーパーしてみると、ギリギリの位置がわかりやすくなりますよ。いまギリギリですか？

そうしたら、**さらに1㎝ほど手を引いて完全に見えない位置に持っていき、その見えない手を見ようと意識してみましょう。**

「見よう見よう」と意識すると、手の存在がぼんやりと感じられてきませんか？　なんとなくでも感じられれば、それでOKです。手を下ろしてください。

不思議なもので、見えないものを見ようと意識するだけで、視野ってパッと広がるんです。実際にみなさんも、さっきと比べて真横や真横より後ろにあるものが目に入るようになっていませんか？

トレーニング3

視野を広げる

Soku Doku

顔の両側に両手を広げる

見えなくなるまで引く

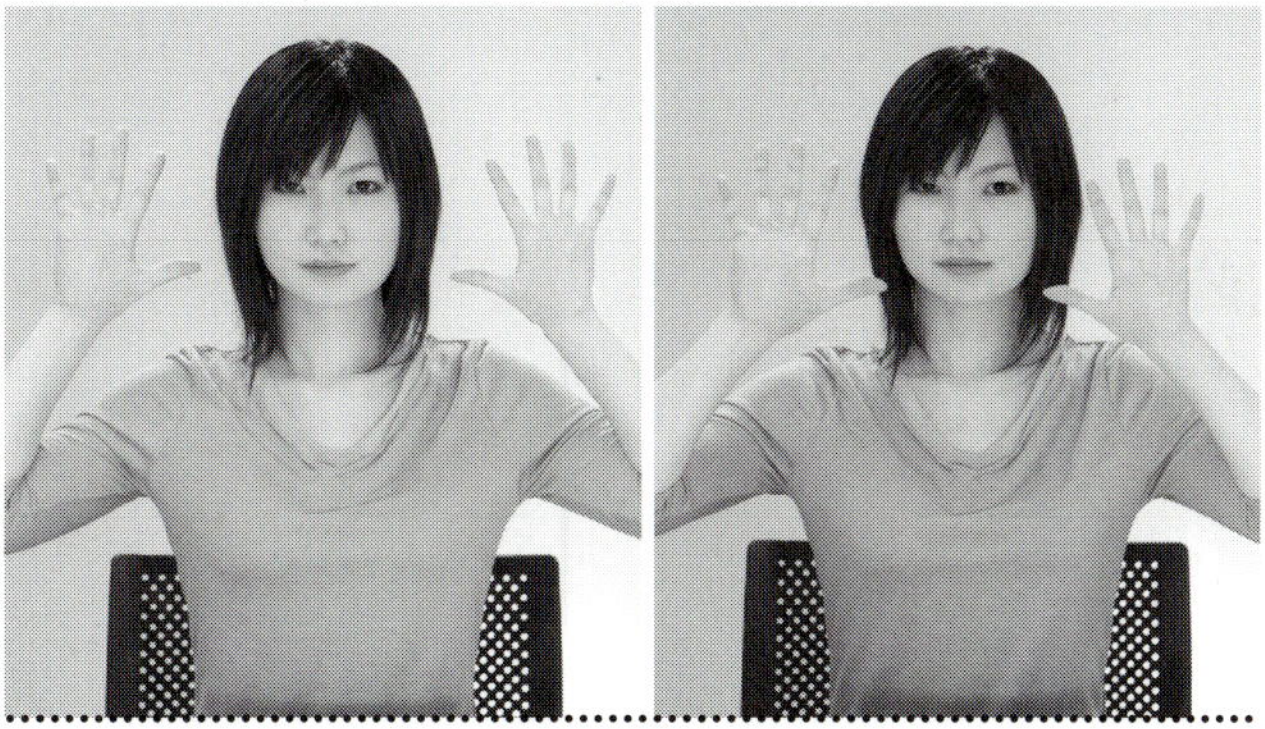

まっすぐに前を向いたまま、顔の両側に両手を出してください。その手を少しずつ手前に引いていって、手が見えるギリギリの位置でいったん止めましょう。そして、さらに1cmほど手を引いて完全に見えない位置に持っていき、その見えない手を見ようと意識してみましょう。

部屋が明るく
なったように
感じるかも

DVD
トレーニング
3

このように視野を広げると、ページ全体の文章を同時に視野に入れながら読み進めることができるようになります。普段から広い視野で生活できるようになりますので、**速読トレーニングのときだけでなく、思い出したときに気軽に行ってみてください**。

では、視野が広がったところで、**再び〝読まずに速く見る〟を試してみましょう**。先ほどと同じように、6秒間を3回繰り返してください。見るページも先ほどと一緒ですよ。リズミカルに見ていくことを心がけ、少しくらい行が飛んでもいちいち気にしなくて結構です。「これまでで一番速く見る」という気持ちでスピードアップさせてくださいね。

はい、どうぞ！

……視野を広げるトレーニングを行う前と比べてどうでしたか？　ラクに目を進めることができるようになっていたのではないでしょうか？

もしかしたら、同じ**6秒間が長く感じられた方もいるかもしれません**。それは脳が活性化し、時間の感覚が変わったからだといえます。あまり変化が感じられなかった方は、少し休憩を入れてリラックスしてから、もう一度試してみましょう。

ちなみに、すでに変化を感じている方も、次へ進む前にここでいったん休憩してください。一気にトレーニングをすると目が疲れてしまいますし、ついつい力んでしまいますからね。それでは目も脳もいいパフォーマンスを発揮できません。

肩を回したり目をつむったり、コーヒーやお茶を飲んだりして、とにかくリラックスしましょう。

トレーニング4

画面を流れる文字を眺める

“読まずに目で見る”を繰り返したことで、もうみなさんの脳はブレーキが外れた状態になっていると思います。「こんなに速く見ることができるんだ」「見るだけで脳は活性化されて、時間の感覚まで変わるんだ」ということを、実際に体感されたのですからね。

それでは、いよいよトレーニングもクライマックスです。ここまで本書だけでトレーニングされてきた方は、ＤＶＤをセットして「トレーニング４」を流してください。

これから**画面上に、読まずに目で見ていたときよりももっと速い速度で文字が流れていきます。その文字を、上下左右にある4つの点が同時に視野の中にあることを意識しながら、リラックスした状態で眺めてください。**

文字が流れるのは5分間です。「できるだけ文字を読もう」なんて目を見開かずに、ちゃんとまばたきしてくださいね。そうでないと目が疲れてしまいます。

もちろん、「読もう」という頑張り自体も、脳にブレーキをかけてしまうのでよくありません。たいていの人は読めない速さで文字を流しているのですから、一歩引いたラクな気持ちで眺めるのが、脳を活性化させるポイントです。

そして、それでも「目が疲れたな……」と感じたら、すぐに休憩してください。無理して続けるよりも、そのほうが目も脳もリラックスするので効果的です。

頑張らない準備はよろしいですか？　ではスタートしましょう。

……お疲れさまでした。４つの点を意識したことで、どこか一か所だけを眺めてしまったり、流れる文字を追ってしまったりすることなく、常に画面全体の文字を眺めることができたのではないでしょうか。

こんなに速くたくさんの文字を眺めたのは、きっと初めてですよね？　たくさんの情報を素早く処理しようとしたみなさんの脳は、いまとても活性化されていると思います。確実に〝速く読めている状態〟に近づいているはずですよ！

Soku Doku

画面を流れる文字を眺める

その猫の名前は「ミーちゃん」といいます。東武野田線沿線にある岩槻駅前（埼玉県さいたま市）の商店街で暮らしている三毛猫の女のコです。

白地に茶と黒のはっきりとした毛色がめずらしい、かなりの美人猫。正面から見ると頭の部分にV字を描く黒のラインがあり、ティアラのよう。なんだか高貴な印象を受けます。目鼻立ちもはっきりしていて、グリーンがかったアンバーアイズも魅力的です。商店街の人々や通行人がご飯をあげ、雨宿りの場所を提供し、避妊をし、かれこれ10数年、商店街で暮らしています。いわゆる「地域猫」です。

おそらく13歳くらい。もしかしたら、

このトレーニングはDVDの画像を使います。本書だけでトレーニングされてきた方は、DVDをセットし「トレーニング4」を選択してください。画面に、1分間に6000字の文字が流れます。画面にある、上下左右の点を意識しながら、リラックスして全体を眺めてください。文字は5分間流れますが、目が疲れたら休憩してくださいね。

目が疲れたら
すぐに
休憩を！

DVD

トレーニング
4

トレーニング4
画面を流れる文字を眺める

仕上げ

トレーニング後の読書速度を計測

では、仕上げに、脳が活性化された状態での読書速度を計測してみましょう。

最初に読書速度を計測したときと同じように、同じページを6秒間、普通に黙読してください。「速くなってなきゃおかしい！」なんて力んではいけませんからね。

読めた最後の文字に印をつけて、あと2回繰り返しましょう。そして、3回のうちもっとも多く読めたときの文字数を数え、それを10倍にして記録表の「トレーニング後」のところに記入してください。

トレーニング前の数字と比べて、変化しましたか？

文字数が増えていた方は、脳が活性化した状態で読めていたといえます。文字が目に飛び込んできたり、目が先へ先へと転がっていくような感覚があったかもしれません。

あまり変化がなかった方は、「速く読めるわけがない」といった否定的な気持ちや力みなど、ブレーキを外しきれていなかった可能性があります。

それでも、文字を見るのがラクになっていたり、6秒間を長く感じたりと、何かしらの変化を感じていませんか？　だとすれば、脳はちゃんと活性化されているはずです。

仕上げ

もう一度読書速度を測る

DVD

Soku Doku

1分間に何文字読めるようになったかな？

1 ライトノベルの一番最初に読んだページを開く

Start! Stop!

▼

2 6秒間でどこまで読めるか普通に黙読し、進んだところに印をつける

Start! Stop!

▼

3 3回繰り返し、もっとも多く進んだ数を10倍し記録する

Start! Stop!

最初の「脳力チェック」のときと同じように、６秒間、普通に黙読しましょう。６秒間を全部で３回計測し、もっとも多く進んだ文字数を10倍して記録します。あまり増えていなくても、６秒間をゆっくりに感じたなどの変化があれば十分。リラックスして今後もトレーニングを続けましょう

多く進んだ文字数を10倍して記録する

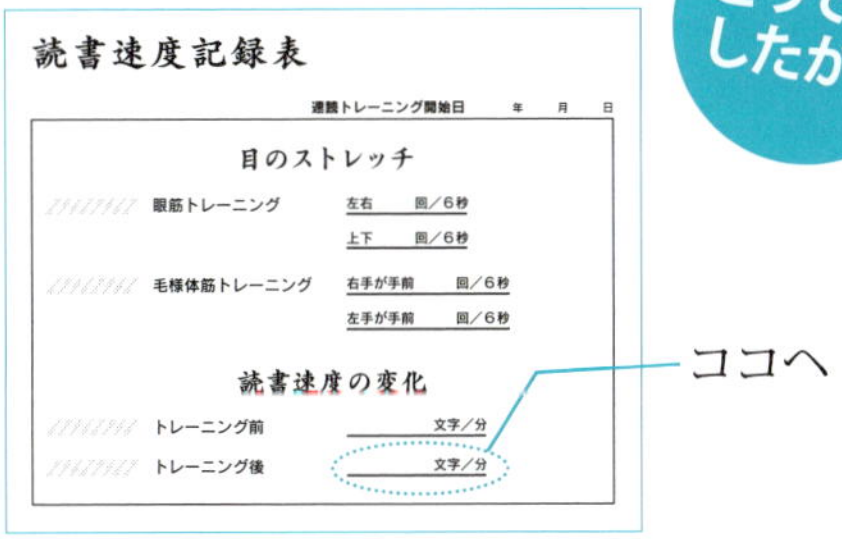
読書速度記録表

速読トレーニング開始日　年　月　日

目のストレッチ

眼筋トレーニング	左右　回／6秒	
	上下　回／6秒	
毛様体筋トレーニング	右手が手前　回／6秒	
	左手が手前　回／6秒	

読書速度の変化

トレーニング前	文字／分
トレーニング後	文字／分

ココへ

もし、「何度も読んだり見たりしている文章だから速く読めただけでは？」と不安を感じている方がいらっしゃれば、**ほかのページで読書速度を計測してみてください**。きっと、トレーニング前の数字より伸びているはずですよ。

今後のトレーニングについて

速読トレーニングは、言ってみればこれまでの習慣を新しい習慣に変えるためのものです。脳の活性度も低く、脳力をうまく使えないまま本をゆっくり読むのは、これまでの習慣ですよね？　それが、速読トレーニングで脳が活性化され、その脳力をうまく使うことで、「速く読める」という新しい習慣に変わる。まさに、みなさんがいま体験されたばかりのことです。

でも、**何度か繰り返し、それが定着しなければ、本当の習慣とは言えません**。一回のトレーニングで速く読めるようになっても、それは「新しい感覚があることを知った」にすぎないのです。**放っておけば、すぐにこれまでの習慣に戻ってしまいます**。

いつでも本を速く読めたり、スポーツで脳力を発揮できたりする習慣を定着させたいのなら、ある程度は継続してトレーニングを続けることが大切なのです。

今後の具体的なトレーニング方法についてですが、**2回目以降は「目のストレッチ」「視野を広げるトレーニング」「画面に流れる文字を眺める」の3つを行えば十分です。**

目のストレッチや視野を広げるトレーニングはどこでもできますから、実質的なトレーニングはDVDで「トレーニング4　流れる文字を眺める」を流すだけ。簡単でしょう？

毎日できなくても、**3日に一回でも2週間に一回でもいい**ので、思い出したときや時間のあるときに、気軽に実践しましょう。

そして、その「できるときにやる」というスタンスをできるだけ長い期間、最低でも半年間くらい続ければ、だんだん新しい習慣が自分のものになってきます。短期間に集中してトレーニングするよりも、むしろ深く染み込んでいくはずです。

また、変化を実感してモチベーションを上げるために、トレーニング前とトレーニング後の読書速度も忘れずに計測してください。（144ページの読書速度記録表をコピーして使いましょう）

DVDには、**「上達編」として1分間に9000字が流れる映像も入っています。「トレーニング4」の画像に慣れたと感じたら、こちらの「上達編」を眺めてみてください。**

トレーニングを継続すれば、トレーニング前の読書速度も、トレーニング後の読書速度も必ず上がっていきます。もちろん成果に個人差はありますが、最初の読書量が1分間に

400〜600字だった人でも、半年もすれば2000字前後に増えているかもしれません。

その頃には、スポーツなり勉強なり、自分が脳力を発揮したいシーンにおいても、何らかの変化を感じられるようになっていることでしょう。

よくある速読Q＆A

Q　目が悪くなることはありませんか?

A　速読トレーニングでは大量の文字を速く眺めるので、こうした質問をよくいただくのですが、トレーニングによって目が悪くなることはまずありません。受講された方の個人の体感ですが、むしろ近視や遠視、乱視などが回復してきたという報告を多く受けています。なかには､「パソコンのやりすぎで0.2に落ちていた視力が2.0まで回復した」（35歳・男性)､「トレーニングを始めて半年で､左目の乱視が治っていた」（32歳・女性）なんて方もいらっしゃるんですよ。

Q　読書速度の伸びが停滞しています。
これが自分の限界ということですか?

A　速読トレーニングを続けていると、多くの場合、ぐんと伸びる時期と停滞する時期が交互に訪れます。停滞するとつい自信をなくし、モチベーションが下がってしまいますよね。でも、停滞はこれまで伸びてきた力が定着し、安定しようとしている時期にやってきます。つまり、停滞こそが成長の証しなんですね。ですから、「速読が確実に身についてきているんだな」と逆に喜んで、心配することなくトレーニングを続けましょう。

Q　どれくらいの速さで読めるようになったら
トレーニングを卒業していいですか?

A　結論から言うと、速読に卒業はありません。これまでより本を速く読めるようになれば、それはもう「速読できている」ということですので、そこで満足するか、それ以上を目指すかは、みなさんの自由です。ただ、本書に限っていえば、最終的に1分間に2000〜3000字が読めるようになることを目標にトレーニング内容を作成しています。ですから、「その地点に到達したけどまだ満足できない」という方は、実際に講習やセミナーなどに通ったりして、さらなるレベルアップを目指してもいいかもしれませんね。でも3000字って結構速いですよ（笑）。

Q　読書速度が元に戻ってしまうことはありませんか?

A　短期間でトレーニングをやめてしまえば元に戻ることもありますが、半年なり1年なりトレーニングを続けて速読をきちんと習得すれば大丈夫です。なぜなら、速読を習得すると、普段の読書やテストの問題を読むとき、さらにはメールや電車の中吊り広告を読むときなども、自然とその速さで読むようになるからです。そのように日常的に自然に復習している状態なので、そう簡単に忘れることはありません。第一、脳が活性化していれば嫌でも周囲の文字が目に入るので、無意識に習慣になってしまいますから。

第6章

日常で簡単にできる脳トレーニング

脳活性ゲームで脳を〝ウニュウニュ〟させよう

速読トレーニングは脳を効率的に活性化させてくれる最強メソッドですが、それ以外にも脳を活性化させる方法はあります。ちょっとでも脳を活性化させる機会が多いほうが、速読トレーニングでもより効率的に脳を活性化させられますよね？

そこで、最終章では、すっかりおなじみの脳を鍛えるトレーニング＝脳トレのように、ゲーム感覚で脳を活性化させる方法や、日常生活のちょっとした心がけで脳を活性化させる方法をご紹介したいと思います。みなさん、楽しく脳を活性化させてくださいね。

◎25マス探し

まず最初は、自分の脳がいかに活性化されているかをチェックできるゲームです。左ページをご覧ください。1～25までの数字がランダムに書かれた、5×5の25マスの表がありますよね。この表の中から、30秒間で1～25までの数字を順番にすべて見つけられるかチャレンジしてみましょう。

タイマーの用意はよろしいですか？

23	17	12	3	21
5	14	4	19	24
18	13	9	1	7
2	8	25	16	22
10	20	6	11	15

……いかがですか？　すべて見つけることはできましたか？　途中までしか見つけることができなくても、決して落ち込まないでください。速読トレーニングと併せてときどきチャレンジすれば、いまより多くの数字、もしくはすべての数字を30秒間で見つけられるようになります。

30秒かからずにできたという方は、トレーニングによってもっと短い時間で見つけられるようになるでしょう。**すぐに10秒足らずで見つけられるようになるかもしれません。**

ちなみに、私が講習でこのゲームを紹介すると、よく受講者から「同じ配置だと覚えちゃうから違う配置の表も欲しい」と言われるのですが、そんな心配は無用です。ひとつの表の数字も早く見つけられないうちからほかの表にチャレンジするのは、基礎ができていないのに応用問題を解こうとするようなもの。脳力を活かすためには、最初に同じものでしっかり基礎をつくってあげることが重要なんです。

速読トレーニングで同じ本の同じページを読み続けるのもこれと同じで、同じ本でしっかり基礎をつくるから、応用がきいてほかの本も速く読めるようになるのです。

つまり、この表で早く数字を見つけられるようになれば、自然とほかの表でも早く数字が見つけられるようになっています。まずはこの表で早く数字を見つけられるように、脳を活性化させてあげましょう。

◎グーでトントン、パーでスリスリ

続いては、右手と左手に別々の動きをさせることによって、脳を活性化させるゲームです。ＤＶＤの「脳活性化ゲーム」を参考にしながら、片方の手はグーにして机を素早くトントン叩き、もう片方の手はパーにして机を素早くスリスリするように動かしてみてください。机がない場合は、ひざを机代わりにするといいでしょう。

どうですか？　片方の動きにつられることなく、上手にトントン・スリスリできましたか？　慣れてきたら、今度は左右の手の動きを入れ替えてみてください。右手でトントンしていたなら右手をスリスリに、左手でトントンしていたなら左手をスリスリにするのです。

さぁ、どうでしょう。頭が混乱して、グーの手でスリスリしたり、パーの手でトントンしたり……となっていませんか？　単純なようでなかなか難しいですよね。

そして、「なんでうまく動かせないんだろう」と思っているとき、**脳が〝ウニュウニュ〟するような**、なんだか変な感じになっていませんか？　この〝ウニュウニュ〟は、脳が頑張っている証拠です。

やり慣れていない、またはやったことのない動作の指令を出すのは、脳にとって大変なことなんです。普段、左右の手をこんなふうにバラバラに意識的に動かすことはあまりないですから、脳もそれは必死です。持ち主がウニュウニュしているのを感じるくらい、—

生懸命に頑張るしかありません。

「脳が頑張っている状態」とは、すなわち脳が活性化されている状態です。つまり、脳がウニュウニュすればするほど、脳は活性化されているわけなんですね。

ですから、うまくできないほうがいいんです。目的は脳を活性化させることですから、何度も動きを入れ替えて大いに失敗して、脳を思いっきりウニュウニュさせてください。ところで、なかにはすんなり成功してしまった方もいらっしゃいますよね？　その場合、脳はあまり活性化されていないことになりますから、さっそく次のゲームに移りましょう。

◎右手で○、左手で△を描く

DVDには収録していませんが、同じく、左右の手に別々の動きをさせるゲームです。

体の前に人さし指を立てた両手を出し、まずは**右手で○を描いてください**。そのままの状態で、今度は**左手で△を描き始めてください**。キレイな○や△にならなくても結構ですが、とにかく左右の手でハッキリと形の違うものを描くのです。

これもやはり、上手にできないですよね。脳はウニュウニュしてますか？

「ウニュウニュどころか、自分が何をやってるのかさっぱりわからない！」となってしまった方は、試しにA４サイズくらいの紙２枚にそれぞれ○と△を描いて壁に貼り、それをなぞるように両手を動かしてみてください。

同じスピードで上手になぞるのが予想外に難しくて、いい感じにウニュウニュすると思いますよ。

◎左右の指をバラバラに動かす

もうひとつ、左右の手に別々の動きをさせるゲームをご紹介します。135ページのイラストを参考に、右手は親指と人さし指をくっつけ、左手は親指と小指をくっつけてください。

そのまま、**右手は人さし指→中指→薬指→小指→薬指→中指→人さし指という順番で親指とくっつける指を替え**、それを途切れることなく繰り返します。**左手は逆に、小指→薬指→中指→人さし指→中指→薬指→小指という順番で親指とくっつける指を替え**、それを途切れることなく繰り返します。以上のことを、左右同時に行ってください。

これもまた、思うように動かすことができないのではないでしょうか。指を何本か飛ばしてしまうなど、動きがメチャクチャになりますよね。

「簡単だな〜」と思ったら、実は両手とも同じ動きをしていた……なんて方もいらっしゃるかもしれませんが、それでは脳が活性化されないのでダメですよ（笑）。

◎ジャンケンでわざと負ける

今度はちょっと趣向を変えて、ジャンケンで脳をウニュウニュさせてみましょう。左ページに、グー、チョキ、パーがたくさん並んだイラストを用意しました。これを見ながら、矢印の順番どおりに勝負していってください。ただし、ルールは複雑です。

★イラストが「グー」のときは、手は「チョキ」を出して負け、口では「グー」と言う

わかりましたか？　普通、ジャンケンは勝とうとするものなので、とっさに負けるための手の出し方を考えるのは難しいですよね。しかも、それだけではなく、口では目で見たとおりのことを言わなければいけないんです。

それでは、さっそくチャレンジしてみてください。ゆっくり考えてしまうと脳が活性化されないので、できるだけ素早く続けていってくださいね。

……いかがでしたか？　脳がウニュウニュしましたか？　「そうでもなかった」という方のために、もうひとつのルールもご説明しておきます。

★イラストが「グー」のときは、手は「チョキ」を出して負け、口では「パー」と言う

さらにややこしくなりましたよね？　３つの技が全員集合です。これなら、嫌でも脳がウニュウニュするのではないでしょうか。

左右の指を
バラバラに
動かす

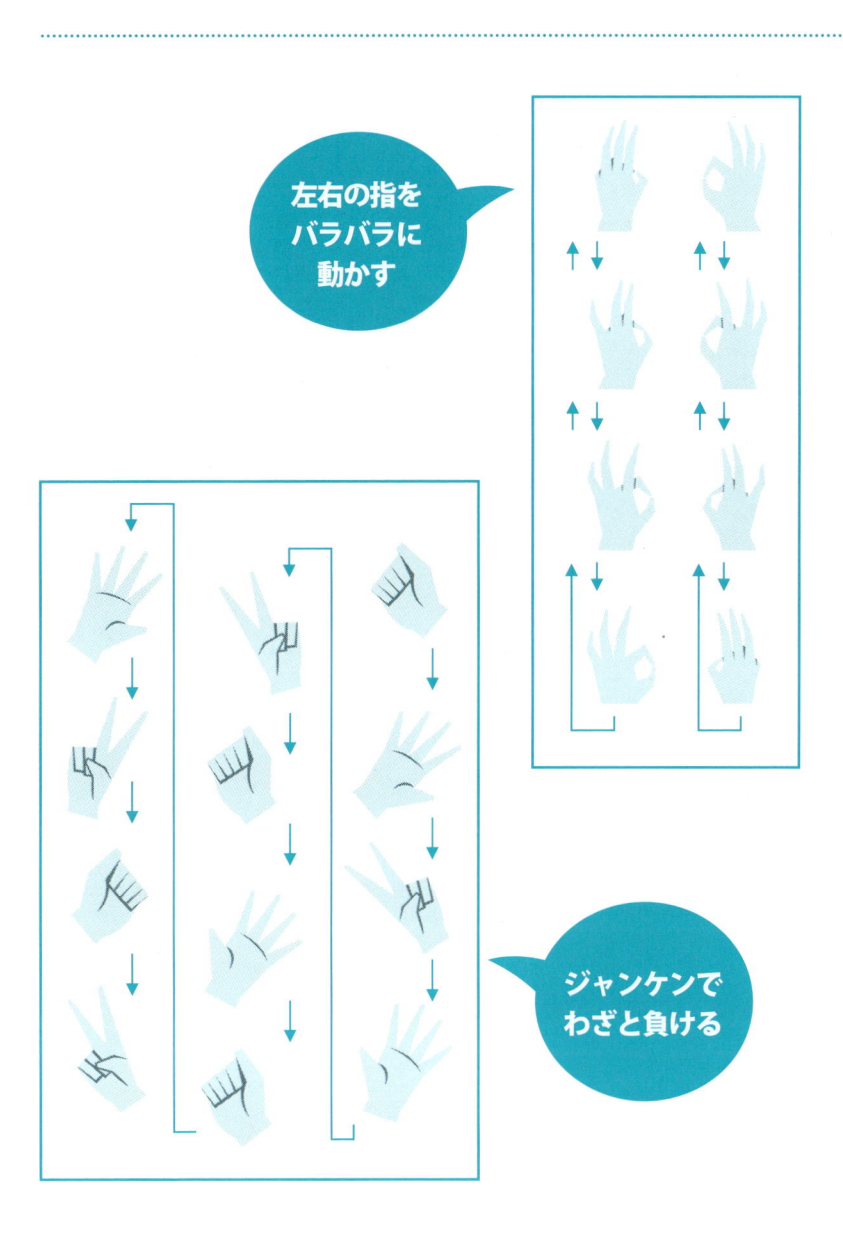

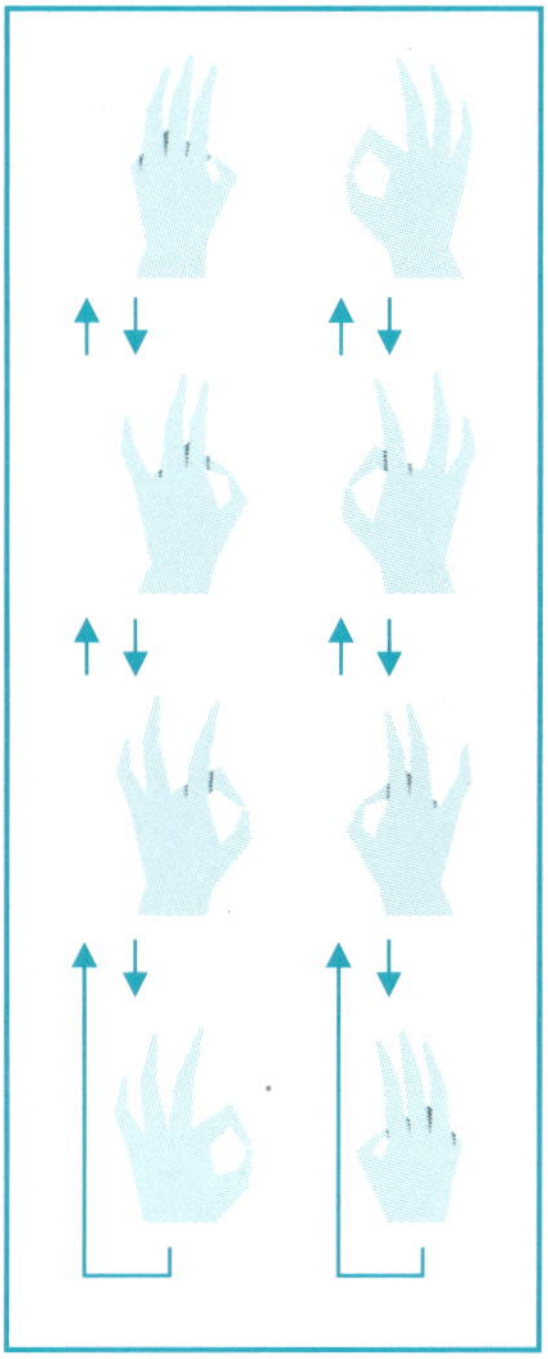

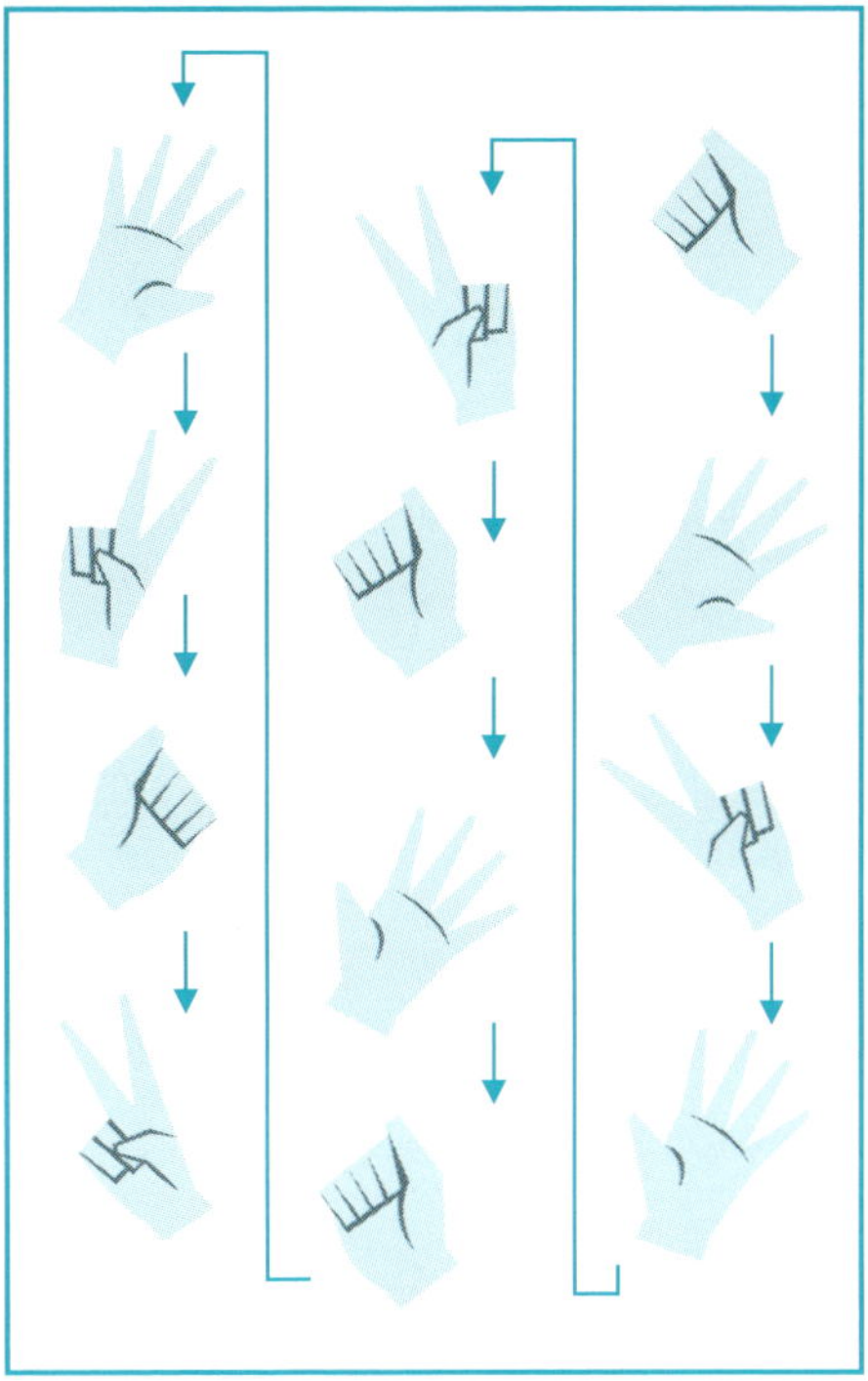

ジャンケンで
わざと負ける

ここまでご紹介してきたゲームの中で、どれが一番苦手だと感じましたか？　何度もお話ししましたが、苦手で間違ってしまうゲームほど、脳は「何とか成功させよう！」と頑張るので活性化されます。簡単に成功するゲームのほうがやっていて気分はいいでしょうが、「脳のため」と思って、ぜひ苦手なゲームを中心にチャレンジしましょう。

日常生活での脳活性法

ダラダラと惰性で同じような毎日を過ごしていると、脳はなかなか活性化されません。でも、同じような日々の中にも、実は脳を活性化させるチャンスは潜んでいます。そのチャンスを逃さないコツは、ちょっとだけ目線を変えてみること。ただそれだけです。

◎一日10回感動する

最近いつ感動しましたか？　こう聞かれても、なかなか思い出せない方が多いのではないでしょうか。映画を観たときのことや誰かに何かをお祝いしてもらったときのことなど、心を大きく揺さぶられた出来事を必死で思い出そうとする方もいるかもしれませんね。

でも、私がしてほしいと思っている〝感動〟は、そんな大げさなものではありません。

「ごはんがおいしいな」とか、「青空が澄んでいてキレイだな」とか、「家に飾ってある花がいい香りだな」とか……。そんな小さな感動のことです。

どんな些細なことでも、感動すれば脳は活性化されます。情報をスルーせずに受け止め、しっかり認識しているということですからね。つまり、大量の情報を速く処理できる自分をつくりたいなら、普段から感受性豊かな自分をつくっておくに越したことはないのです。

「いまさら身近なものに感動するのは難しい」と思う方は、試しに「おいしいな」とか、「キレイだな」と、口に出して言ってみてください。だんだんと脳がその気になって、本当においしさや美しさをしっかり噛みしめられるようになってくるはずです。

最初は無理やりに感じるかもしれませんが、最終的に感動できるなら脳にとっては同じことです。一日に10回でも20回でも積極的に感動して、どんどん脳を活性化させてあげましょう。

◎懐かしいことを思い出す

脳は嬉しいときや楽しいときにも活性化されます。そして、過去の嬉しかったことや楽しかったことを思い出しているときも、実は同じように活性化されます。

例えば、懐かしい写真を見たり、懐かしい曲を聴いたりすると、一瞬で気持ちが当時にタイムスリップしますよね。「あの日はこんなものを食べたな……」「あの頃はこんなことをして遊んでいたな……」なんて、次から次へと思い出が鮮やかに蘇ってくるものです。すると、ホワンと心が温かくなったり、楽しい気持ちになったりして、何だか元気になり、やる気がわいてきませんか？　それはまさに、脳が活性化されている証拠です。

毎日「嬉しい！」「楽しい！」という出来事に遭遇するのは難しいかもしれませんが、過去のそういった出来事を思い出すのは毎日でもできますよね？

写真や音楽だけではなく、家族や友人と思い出話に花を咲かせるのも脳を活性化させる手っ取り早い方法です。もちろん、自力で思い出すのも結構ですよ。あれこれ記憶をたどろうとする作業によって、より脳は活性化されますからね。

◎新しい情報を発見する好奇心を持つ

決められた生活パターンをイチから変えるのは面倒ですが、普段とはちょっと違うことを心がけるくらいなら、あまり面倒ではないですよね。

例えば、通勤ルートや通学ルートをちょっと変えてみると、そこには見たことのない風景が広がっています。もしくは、外食のときに入ったことのないお店に入ってみると、やはりそこには見たことのない空間が広がっています。

このように、新しい情報に触れるだけでも脳は活性化されます。しかも、新しい情報を前にすると、「あそこにあるのは雑貨屋さんかな？」「どんな料理が出てくるんだろう」などと想像力も膨らみますよね。すると、脳はさらに活性化されます。

つまり、重要なのは何事にも好奇心を持つことなんですね。同じような毎日を繰り返していても、好奇心さえ持っていれば、いくらでも新しい情報を発見できるはずなのです。

行動も考え方も何ひとつ変わらない怠惰な生活を送るのは、脳にとってよくないだけでなく、みなさん自身にとっても面白みがないですよね。速読トレーニングに出合ったことをキッカケに、「今日はこんなに楽しいことがあった！」「明日はもっと楽しいことをしよう！」というように、ポジティブでエネルギッシュな毎日を過ごしていただければと思います。

おわりに

速読インストラクターの仕事をしていると、「人間ってワガママだなぁ」と思うことがたびたびあります。

だって、「いまの自分じゃ物足りない」と思って速読トレーニングに興味を持ってくださったはずなのに、いざ速読トレーニングの効果を知ると、「そんなに速く本を読めるなんておかしい」「スポーツまで上達するはずがない」などと言って、脳力の可能性を否定する人が少なくないからです。「自分を変えたいのに自分が変わっていくのは信じられない」なんて、どう考えたってワガママですよね？

速読トレーニングを続けていくと、これまでの習慣が新しい習慣に変わっていきます。確かに、習慣が変わるのってなんだかドキドキしますし、少し怖いような気もしますよね。でも、レベルアップした自分に出会いたいのなら、決して変化を恐れないでください。変化を受け入れたその先にしか、レベルアップした自分は待っていないのです。

とはいえ、本書で実際に速読トレーニングを体験し、レベルアップした自分に出会うための入り口に立ったみなさんなら、もう大丈夫ですよね。変化を喜びとして受け入れ、脳力を存分に活かし、どんどんレベルアップしていってくれるに違いありません。私はそう信じています。

大事なことなのでもう一度繰り返しますが、みなさんはもともと素晴らしい脳力を持っています。もしも不安が頭をもたげてきたり、途中でくじけそうになったりしたら、すぐにこのことを思い出してください。脳力は、決してみなさんの期待を裏切らないのですから——。

最後に、これまで講座やセミナーを受講いただいている皆様、応援して下さっている皆様、すべての方に感謝申し上げます。

2010年5月

呉 真由美

呉 真由美（くれ まゆみ）

脳開コンサルタント協会会長、速読インストラクター。「誰にでもできる頑張らない速読」をモットーに全国でセミナーを開催。受講生は、小学生から社会人まで、スポーツ選手、医師、芸術家など多岐にわたる。150㎞の速球が打てるとテレビなどで話題だが、これは長男とバッティングセンターに行ったとき「どうしてこんな遅い球に当てられないのか」と思ったことがきっかけだった。著書に『呉真由美流　脳を活性化する速読メソッド』(PHP研究所)、『だから速読できへんねん!　脳のブレーキを解き放て』（生産性出版）

オーケープロダクション所属　http://brain-training.net/index.html

デザイン……小栗山雄司
カバー写真・イメージ写真／撮影＆ CG……増田岳二
本文写真……山川修一
構成……持丸千乃
イラスト……Cabinets
イメージ写真モデル……尾形怜央　根本澪
（セントラル子供タレント）
取材協力……埼玉西武ライオンズ
企画協力……オーケープロダクション
撮影協力……宇野愛梨

【DVD】
制作協力……NEXTEP
プロデューサー……花苑博康
ディレクター……小野寺譲二
構成……松田敬三
ナレーター……天谷由佳
ヘアメイク……SHIZUE
スタイリング……陶山沙織
モデル……余田瑞希
衣装協力……GOGGI
rev k shop
サンプルテキスト……『迷子のミーちゃん』
（小社刊）
制作協力……佐藤千尋
（Attic Arcade, inc.）

スポーツ速読　完全マスター BOOK

2010年 5月30日初版第1刷発行
2015年 8月30日　第10刷発行

著　者……………**呉 真由美**
発行者……………**久保田榮一**
発行所……………**株式会社扶桑社**
〒105-8070　東京都港区芝浦1-1-1 浜松町ビルディング
電話 03-6368-8870(編集)　03-6368-8858(販売)　03-6368-8859(読者係)
http://www.fusosha.co.jp

DTP 制作…………**Office SASAI**
印刷・製本………**共同印刷株式会社**
　ISBN 978-4-594-06211-8
価格はカバーに表示してあります。

読書速度記録表

速読トレーニング開始日　　年　　月　　日

目のストレッチ

眼筋トレーニング　左右　　回／６秒

上下　　回／６秒

毛様体筋トレーニング　右手が手前　　回／６秒

左手が手前　　回／６秒

読書速度の変化

トレーニング前　　文字／分

トレーニング後　　文字／分

トレーニング２回目　　年　　月　　日

目のストレッチ

眼筋トレーニング　左右　　回／６秒

上下　　回／６秒

毛様体筋トレーニング　右手が手前　　回／６秒

左手が手前　　回／６秒

読書速度の変化

トレーニング前　　文字／分

トレーニング後　　文字／分

キリトリ線

キリトリ線

トレーニング　回目　年　月　日

目のストレッチ

眼筋トレーニング	左右	回／6秒
	上下	回／6秒
毛様体筋トレーニング	右手が手前	回／6秒
	左手が手前	回／6秒

読書速度の変化

トレーニング前	文字／分
トレーニング後	文字／分

トレーニング　回目　年　月　日

目のストレッチ

眼筋トレーニング	左右	回／6秒
	上下	回／6秒
毛様体筋トレーニング	右手が手前	回／6秒
	左手が手前	回／6秒

読書速度の変化

トレーニング前	文字／分
トレーニング後	文字／分